Projet OCDE/G20 sur l'érosion de la base d'imposition et le transfert de bénéfices

AF747280

Les défis fiscaux soulevés par la numérisation de l'économie – Règle d'assujettissement à l'impôt (Pilier Deux)

CADRE INCLUSIF SUR LE BEPS

OCDE

DES POLITIQUES MEILLEURES POUR UNE VIE MEILLEURE

Ce document, ainsi que les données et cartes qu'il peut comprendre, sont sans préjudice du statut de tout territoire, de la souveraineté s'exerçant sur ce dernier, du tracé des frontières et limites internationales, et du nom de tout territoire, ville ou région.

Merci de citer cet ouvrage comme suit :
OCDE (2023), *Les défis fiscaux soulevés par la numérisation de l'économie – Règle d'assujettissement à l'impôt (Pilier Deux) : Cadre inclusif sur le BEPS*, Projet OCDE/G20 sur l'érosion de la base d'imposition et le transfert de bénéfices, Éditions OCDE, Paris, https://doi.org/10.1787/3e2b7345-fr.

ISBN 978-92-64-72184-5 (imprimé)
ISBN 978-92-64-37727-1 (pdf)
ISBN 978-92-64-60792-7 (HTML)
ISBN 978-92-64-97745-7 (epub)

Projet OCDE/G20 sur l'érosion de la base d'imposition et le transfert de bénéfices
ISSN 2313-2620 (imprimé)
ISSN 2313-2639 (en ligne)

Crédits photo : Couverture © ninog – Fotolia.com.

Les corrigenda des publications sont disponibles sur : www.oecd.org/fr/apropos/editionsocde/corrigendadepublicationsdelocde.htm.
© OCDE 2023

L'utilisation de ce contenu, qu'il soit numérique ou imprimé, est régie par les conditions d'utilisation suivantes : https://www.oecd.org/fr/conditionsdutilisation.

Avant-propos

La transformation numérique et la mondialisation ont des répercussions profondes sur les économies et sur la vie des populations du monde entier, et ce phénomène s'est accéléré au 21e siècle. Ces évolutions remettent en question les règles qui assujettissent les bénéfices des entreprises internationales à l'impôt, qui ont prévalu depuis plus d'un siècle et qui offrent des possibilités d'érosion de la base d'imposition et de transfert de bénéfices (BEPS), appelant une action résolue de la part des dirigeants pour restaurer la confiance dans ce système et faire en sorte que les bénéfices soient imposés là où les activités économiques sont menées et là où la valeur est créée.

En 2013, l'OCDE a redoublé d'efforts pour relever ces défis et ainsi répondre aux préoccupations grandissantes des citoyens et des responsables publics face aux pratiques d'évitement fiscal des grandes multinationales. L'OCDE et les pays du G20 ont uni leurs forces et ont élaboré un Plan d'action pour résoudre les problèmes de BEPS en septembre 2013. Ce Plan comportait 15 actions à mener visant à harmoniser les règles nationales qui influent sur les activités transnationales, renforcer les exigences de substance dans les normes internationales existantes, et améliorer la transparence ainsi que la sécurité juridique.

Après deux ans de travail, les mesures prises en réponse à ces 15 actions, y compris celles publiées à titre provisoire en 2014, ont été réunies au sein d'un ensemble complet et présentées aux dirigeants des pays du G20 en novembre 2015. Cet ensemble de mesures représente le premier remaniement d'importance des règles fiscales internationales depuis près d'un siècle. La mise en œuvre des mesures BEPS devrait conduire les entreprises à déclarer leurs bénéfices là où les activités économiques qui les génèrent sont exercées et là où la valeur est créée. Les stratégies de planification fiscale de BEPS qui s'appuient sur des règles non adaptées ou sur des dispositifs nationaux mal coordonnés seront caduques.

Les pays de l'OCDE et du G20 ont également décidé de poursuivre leur coopération en vue de garantir une application cohérente et coordonnée des recommandations issues du projet BEPS et de rendre le projet plus inclusif. De ce fait, ils ont établi le Cadre inclusif OCDE/G20 sur le BEPS (le Cadre inclusif), qui réunit l'ensemble des pays et juridictions intéressés et impliqués, lesquels œuvrent sur un pied d'égalité au sein du Comité des affaires fiscales de l'OCDE et de ses organes subsidiaires. Fort de plus de 140 membres, le Cadre inclusif supervise la mise en œuvre des standards minimums à travers des examens par les pairs, et finalise actuellement l'élaboration de normes pour résoudre les problèmes liés au BEPS. En plus de ses membres, d'autres organisations internationales et organismes fiscaux régionaux sont engagés dans les travaux du Cadre inclusif, et les entreprises et la société civile sont également consultées sur différentes problématiques.

Bien que la mise en œuvre de l'ensemble de mesures BEPS transforme radicalement le paysage fiscal international et améliore l'équité des systèmes fiscaux, l'une des principales problématiques de BEPS – relever les défis fiscaux soulevés par la transformation numérique de l'économie – demeurait en suspens. Le 8 octobre 2021, plus de 135 membres du Cadre inclusif, représentant plus de 95 % du PIB mondial, ont réalisé une avancée majeure en adhérant à la Déclaration sur une solution reposant sur deux piliers pour résoudre les défis fiscaux soulevés par la numérisation de l'économie visant à faire en sorte que les entreprises multinationales acquittent une juste part d'impôt, quel que soit l'endroit où elles exercent leurs activités et génèrent des bénéfices dans l'économie mondialisée et de plus en plus numérisée d'aujourd'hui.

Ce rapport a été approuvé par le Cadre inclusif le 6 juillet 2023 et préparé pour publication par le Secrétariat de l'OCDE.

Table des matières

Suivez les publications de l'OCDE sur :

- https://twitter.com/OECD
- https://www.facebook.com/theOECD
- https://www.linkedin.com/company/organisation-eco-cooperation-development-organisation-cooperation-developpement-eco/
- https://www.youtube.com/user/OECDiLibrary
- https://www.oecd.org/newsletters/

Résumé

La règle d'assujettissement à l'impôt (RAI) a été élaborée par les membres du Cadre inclusif sur le BEPS (CI) en tant que partie intégrante de la solution faisant consensus sur le Pilier Deux. Le Pilier Deux consiste en un ensemble de règles qui confèrent aux juridictions le droit d'« imposer en retour » lorsque d'autres juridictions n'ont pas exercé leurs droits primaires d'imposition ou que le paiement est assujetti à de faibles niveaux d'imposition. Le Pilier Deux comprend les Règles globales anti-érosion de la base d'imposition, qui visent à garantir que les grandes entreprises multinationales paient un niveau minimum d'imposition sur les revenus générés dans chaque juridiction où elles exercent leurs activités, et la RAI. La RAI consiste en une règle conventionnelle qui s'applique aux paiements intragroupes provenant des États de la source qui sont assujettis à de faibles taux nominaux d'imposition dans l'État du bénéficiaire.

La RAI n'a pas pour but de réexaminer la répartition actuelle des droits d'imposition entre les États de la source et de la résidence. Elle procède plutôt de l'idée qu'un État de la source qui a cédé des droits d'imposition sur certains paiements intragroupes sortants dans le cadre d'une convention fiscale devrait être en mesure de récupérer une partie de ces droits lorsque le revenu en question est imposé (si tant est qu'il le soit) dans l'État du bénéficiaire (l'État de la résidence) à un taux inférieur à 9 %. Les structures transfrontalières délibérément mises en place pour transférer artificiellement des bénéfices en dehors des pays de la source constituent un sujet de préoccupation particulier. En rétablissant des droits d'imposition en faveur de l'État de la source en pareil cas, la RAI vise à aider les pays en développement[1], et notamment ceux à plus faibles capacités administratives, à protéger leur base d'imposition.

La RAI s'applique aux intérêts, aux redevances et à un ensemble prédéfini d'autres paiements effectués entre des sociétés liées. Ces paiements sont énumérés dans la disposition relative à la règle et expliqués plus en détail ci-après. La règle opère en permettant à l'État de la source d'appliquer un impôt supplémentaire, ce qui signifie que le taux d'imposition applicable dans l'État de la résidence est pris en compte pour le calcul du droit d'imposition supplémentaire revenant à l'État de la source (le cas échéant). Certaines entités sont exclues du champ d'application de la règle, en fonction par exemple des caractéristiques qu'elles présentent ou des fonctions qu'elles exercent.

Les membres du Cadre inclusif qui appliquent aux intérêts, aux redevances et à un ensemble défini d'autres paiements des taux nominaux d'impôt sur le revenu des sociétés inférieurs au taux minimum de la RAI se sont engagés à mettre en œuvre la RAI dans le cadre de leurs conventions bilatérales conclues avec des pays en développement membres du Cadre inclusif si ceux-ci le leur demandent. Le Cadre inclusif élaborera un instrument multilatéral destiné à faciliter la mise en œuvre rapide et cohérente de la RAI dans les conventions bilatérales concernées.

[1] À cette fin, les pays en développement sont définis comme ceux dont le RNB par habitant, calculé selon la méthode de l'Atlas de la Banque mondiale (https://datahelpdesk.worldbank.org/knowledgebase/articles/378832-what-is-the-world-bank-atlas-method), est inférieur ou égal à 12 535 USD en 2019, ce qui sera régulièrement mis à jour.

Le chapitre I de ce rapport contient la disposition relative à la RAI et son commentaire.[2] Le chapitre II contient les dispositions régissant l'application des dispositions relatives à l'élimination de la double imposition en ce qui concerne l'impôt supplémentaire à payer au titre de la RAI.

[2] L'Inde souhaite faire part de sa réserve sur le pourcentage du seuil de marge bénéficiaire qu'elle juge trop élevé et estime que les garde-fous sont inefficaces. Toutefois, l'Inde n'a pas d'objection à l'approbation et à la publication ultérieure de ce document pour permettre aux juridictions d'adhérer à l'IM sur la RAI / d'incorporer la RAI dans leurs conventions fiscales.

I La RAI et les Commentaires

Article [ ] - Règle d'assujettissement à l'impôt

Droit d'imposition dans l'État de la source lorsque le taux d'imposition du revenu visé est inférieur au taux minimum

1. Lorsque, conformément aux dispositions des articles 7, 11, 12 et 21, l'impôt qui peut être appliqué dans un État contractant sur un élément de revenu visé provenant de cet État est limité, ce revenu peut, nonobstant ces dispositions, être imposé dans cet État s'il est assujetti à un taux d'imposition inférieur à 9 % dans l'État contractant dont la personne qui tire ce revenu est un résident.

Droit d'imposition de l'État de la source limité à un taux déterminé

2. Toutefois, l'impôt établi conformément au paragraphe 1 dans l'État contractant d'où provient l'élément de revenu visé ne dépasse pas le taux déterminé multiplié par le montant brut du revenu visé. Aux fins du présent article, et sous réserve de la deuxième phrase du paragraphe 3, le taux déterminé correspond à la différence entre 9 pour cent et le taux d'imposition établi conformément au paragraphe 5 applicable à cet élément de revenu visé dans l'État contractant dont la personne qui tire ce revenu est un résident.

Interaction avec d'autres articles

3. Les dispositions des paragraphes 1 et 2 ne s'appliquent pas lorsque, conformément à une autre disposition de cette Convention, le montant brut de l'élément de revenu visé est imposable dans l'État contractant d'où il provient à un taux égal ou supérieur au taux déterminé, établi conformément au paragraphe 2. Lorsque, conformément à une autre disposition de la présente Convention, le montant brut de l'élément de revenu visé est imposable dans l'État contractant d'où il provient à un taux inférieur au taux déterminé, établi conformément au paragraphe 2, cette autre disposition continue de s'appliquer et le taux déterminé est minoré en déduisant ce taux inférieur.

Revenu visé

4. Aux fins du présent article :

   a) l'expression « revenu visé » désigne :

      (i) des intérêts, tels qu'ils sont définis au paragraphe 3 de l'article 11 (mais en omettant les termes « employé dans le présent article ») ;

      (ii) des redevances, telles qu'elles sont définies au paragraphe 2 de l'article 12 (mais en omettant les termes « employé dans le présent article ») ;

      (iii) des paiements effectués en contrepartie de l'usage ou de la concession de l'usage de droits de distribution au titre d'un produit ou d'un service ;

(iv) des primes d'assurance ou de réassurance ;

(v) des commissions au titre de l'octroi d'une garantie financière, ou d'autres commissions financières ;

(vi) un loyer ou tout autre paiement pour l'usage ou la concession de l'usage d'un équipement industriel, commercial ou scientifique ; ou

(vii) tout revenu perçu en contrepartie de la fourniture de services ;

b) Nonobstant les dispositions de l'alinéa a), l'expression « revenu visé » n'inclut pas :

(i) un loyer ou tout autre paiement en contrepartie de l'usage ou de la concession de l'usage d'un navire servant au transport de passagers ou de marchandises en trafic international dans le cadre d'un contrat de location coque nue ; ou

(ii) les éléments de revenu tirés par une personne dont la charge fiscale, au titre de ce revenu, est déterminée, en vertu de la législation d'un État contractant, en référence au tonnage d'un navire.

c) Le paragraphe 5 de l'article 11 s'applique pour déterminer si des intérêts définis au sous-alinéa (i) de l'alinéa a) sont considérés comme provenant d'un État contractant. Dans tous les autres cas, un élément de revenu visé qui relève des sous-alinéas (ii) à (vii) de l'alinéa a) est considéré comme provenant d'un État contractant lorsque le payeur est un résident de cet État. Toutefois, lorsque le payeur de l'élément de revenu visé, qu'il soit ou non un résident d'un État contractant, a dans un État contractant un établissement stable pour lequel l'obligation de payer l'élément de revenu visé a été contractée et qui supporte la charge de cet élément de revenu, ledit élément de revenu est considéré comme provenant de l'État où l'établissement stable est situé.

Signification de « taux d'imposition »

5. Aux fins du présent article :

a) le taux d'imposition applicable à un élément de revenu visé dans l'État contractant dont la personne qui tire ce revenu est un résident est le taux nominal d'imposition applicable dans cet État à ce revenu ; toutefois, lorsque cette personne bénéficie d'un ajustement préférentiel au titre de ce revenu dans cet État, le taux d'imposition est déterminé après avoir pris en compte l'incidence de cet ajustement préférentiel ;

b) les impôts à prendre en compte aux fins du calcul du taux d'imposition sont ceux visés par l'article 2 ainsi que tout impôt sur le revenu net (« impôts concernés ») ; et

c) les autorités compétentes des États contractants, dans la mesure où cela est nécessaire pour l'application du présent article, se communiquent par écrit les éléments suivants:

(i) le taux nominal (ou toute modification de ce taux) applicable aux résidents de l'État contractant concernant les éléments de revenu visé ; et

(ii) les dispositions de leur droit fiscal (ou toute modification de ces dispositions) qui s'appliquent aux éléments de revenu visé de résidents de cet État contractant et qui peuvent donner lieu à un ajustement préférentiel.

Ajustement préférentiel

6. a) Aux fins du présent article, un ajustement préférentiel concernant un élément de revenu visé désigne une réduction permanente du montant du revenu visé assujetti à l'impôt,

ou de l'impôt dû au titre de ce revenu, dans l'État contractant dont la personne qui tire ce revenu est un résident, sous forme :

(i) d'une exemption ou d'une exclusion partielle ou totale du revenu ;

(ii) d'une déduction de la base d'imposition qui est calculée sur la base du montant du revenu, sans tenir compte d'un éventuel paiement correspondant ou d'une éventuelle obligation de paiement correspondant ; ou

(iii) d'un crédit d'impôt, hormis un crédit pour les impôts étrangers acquittés sur le revenu, qui est calculé sur la base du montant du revenu ou de l'impôt sur ce revenu ;

qui est directement liée à l'élément de revenu visé ou qui s'applique en vertu d'un régime qui prévoit un avantage fiscal en faveur d'un revenu tiré d'activités géographiquement mobiles.

b) Aux fins du présent paragraphe :

(i) il ne sera pas tenu compte d'une quelconque obligation d'accorder une [exemption ou] déduction conformément aux dispositions des articles [23 A] [23 B] ; et

(ii) l'expression « réduction permanente » désigne une réduction destinée à perdurer dans le temps. Toutefois, on considère aussi qu'il y a une réduction permanente lorsque la personne qui tire un élément de revenu visé a la maîtrise du moment où ce revenu est constaté aux fins fiscales dans l'État contractant dont cette personne est un résident, et ce revenu n'est pas constaté aux fins fiscales dans cet État au cours des trois ans qui suivent la fin de l'année fiscale durant laquelle ce revenu est réalisé.

Revenu visé attribuable à un établissement stable situé dans une juridiction tierce

7. Lorsque :

a) aux fins du paragraphe 1, le taux d'imposition applicable à un élément de revenu visé provenant d'un État contractant et tiré par une entreprise de l'autre État contractant est inférieur à 9 pour cent ; et

b) cet élément de revenu visé est considéré comme attribuable à un établissement stable de l'entreprise situé dans une juridiction tierce à la fois par cet autre État contractant et la juridiction tierce ;

le taux d'imposition mentionné au paragraphe 5 est déterminé par référence au taux nominal, en tenant compte de l'effet de tout ajustement préférentiel, applicable dans cette juridiction tierce à l'élément de revenu visé attribuable à cet établissement stable (comme si les références faites à l'alinéa a) du paragraphe 5 et du paragraphe 6 à la personne qui tire le revenu et à son État de résidence étaient, respectivement, des références à l'établissement stable et à la juridiction dans laquelle il se situe), si ce taux après ajustement préférentiel éventuel est supérieur au taux d'imposition applicable dans l'autre État contractant.

Exclusions

8. Les dispositions précédentes de cet article ne s'appliquent pas à un élément de revenu visé provenant d'un État contractant payé par une personne physique ou tiré par un résident de l'autre État contractant qui est :

a) une personne physique ;

b) une personne non liée au payeur ;

c) un fonds de pension reconnu ;

d) une organisation à but non lucratif qui est établie et maintenue exclusivement à des fins religieuses, scientifiques, artistiques, culturelles, sportives, éducatives, de bienfaisance ou à des fins similaires

e)

(i) cet autre État ou l'une de ses subdivisions politiques ou collectivités locales ;

(ii) la banque centrale ;

(iii) une agence, un mandataire ou un organisme public d'un État contractant, de ses subdivisions politiques ou collectivités locales, ou une entité ou un dispositif établi ou créé par un État contractant, l'une de ses subdivisions politiques ou collectivités locales ; et

(iv) toute autre personne qui est détenue en totalité ou en quasi-totalité, directement ou indirectement, par un État contractant, ses subdivisions politiques ou collectivités locales, agences, mandataires ou organismes publics,

à condition que, dans le cas des sous-alinéas (iii) ou (iv), leur objet principal soit d'exercer une fonction publique, et qu'ils n'exploitent pas une entreprise ou un commerce ;

f) une organisation internationale ;

g) une entité ou un dispositif à gestion professionnelle conçu pour investir des fonds obtenus auprès de personnes non liées dans le but principal de générer un revenu d'investissement ou de se protéger contre un événement, au profit de ces personnes, dès lors que l'entité ou le dispositif, ou ses gestionnaires, sont soumis à une réglementation. Une société qui est soumise à la réglementation de cet autre État contractant en tant que société d'assurance est considérée comme remplissant les conditions du présent alinéa, mais uniquement dans la mesure où les revenus visés sont tirés d'actifs détenus aux fins d'honorer les engagements envers les preneurs d'assurance ;

h) une entité ou un dispositif dont l'imposition se traduit par un niveau d'imposition unique à sa charge ou à la charge de ses détenteurs d'actions ou participations (reportable d'un an au maximum), sous réserve que les actions ou les participations de l'entité ou du dispositif soient détenues par un grand nombre de personnes et que l'entité ou le dispositif remplisse l'une des deux conditions suivantes :

(i) l'entité ou le dispositif détient principalement des biens immobiliers ; ou

(ii) l'entité ou le dispositif ou ses détenteurs d'actions ou participations (à l'exclusion des personnes décrites dans le présent paragraphe) sont assujettis à un taux d'imposition d'au moins 9 pour cent dans l'État contractant dont l'entité ou le dispositif est un résident ; ou

i) une entité ou un dispositif détenu en totalité ou en quasi-totalité (directement ou indirectement), ou constitué ou créé, par une ou plusieurs personnes, entités ou dispositifs mentionnés aux alinéas c) à h) :

(i) qui est constitué et administré exclusivement ou presque exclusivement dans le but de détenir des actifs ou d'investir ou gérer des fonds pour le compte d'une personne, d'une entité ou d'un dispositif mentionné aux alinéas c) à h) ou qui n'exerce que des activités annexes à celles exercées par une personne, une entité ou un dispositif mentionné aux alinéas c) à h) ; et

(ii) dans le cas d'une personne, d'une entité ou d'un dispositif mentionné à l'alinéa e), est constitué et administré exclusivement ou presque exclusivement dans le but de mener les activités mentionnées au sous-alinéa (i) ou des activités de placement connexes pour le compte d'une personne, d'une entité ou d'un dispositif mentionné à cet alinéa.

Seuil de marge bénéficiaire

9. Les dispositions des paragraphes 1 et 2 ne s'appliquent pas au revenu visé mentionné aux sous-alinéas (iii) à (vii) de l'alinéa a) du paragraphe 4 si le montant brut de l'élément ou des éléments de revenu visé n'excède pas un montant égal aux coûts supportés par la personne tirant le revenu et directement ou indirectement liés à l'obtention du revenu plus une marge de 8,5 pour cent sur ces coûts. Aux fins du présent paragraphe :

a) tous les revenus tirés par une personne aux termes d'un même accord contractuel au cours d'une année fiscale concernant la même catégorie de revenu visé, et tous les coûts supportés au cours de la même année fiscale qui sont, directement ou indirectement, liés à l'obtention de ce revenu visé sont agrégés aux fins de déterminer la marge bénéficiaire sur les coûts ;

b) tous les revenus tirés par une personne au cours d'une année fiscale au titre de plusieurs accords contractuels ou de plusieurs catégories de revenu visé, et tous les coûts supportés au cours de la même année fiscale qui sont, directement ou indirectement, liés à l'obtention de ce revenu visé, sont agrégés aux fins de déterminer la marge bénéficiaire sur les coûts si, considéré globalement, le revenu visé est si imbriqué qu'une analyse agrégée est plus fiable ;

c) lorsqu'une personne tirant un revenu décrit au sous-alinéa (vii) de l'alinéa a) du paragraphe 4 supporte des coûts directement ou indirectement attribuables à l'obtention de ce revenu et si ces coûts incluent des coûts induits par des transactions avec une personne qui est un résident d'une juridiction tierce et liée à la personne tirant le revenu, les coûts induits par ces transactions ne sont pas pris en compte dès lors qu'ils excèdent 80 pour cent des coûts totaux si la personne liée qui est un résident d'une juridiction tierce est assujettie, au titre du revenu provenant de ces transactions, à un taux d'imposition inférieur à 9 pour cent dans cette juridiction tierce et :

(i) la personne liée fournit les services directement à la personne qui effectue le paiement en contrepartie de la fourniture de services ; ou

(ii) la personne liée réalise des transactions avec une autre personne qui est liée à la personne tirant le revenu et cette autre personne est assujettie, au titre du revenu provenant de ces transactions, à un taux d'imposition inférieur à 9 pour cent dans la juridiction dont cette autre personne est un résident et cette autre personne fournit des services directement à la personne effectuant les paiements en contrepartie de la fourniture des services.

Ce paragraphe ne s'applique pas lorsque l'élément de revenu visé est un paiement d'origine ou un paiement lié, au sens du paragraphe 11, pour lequel les conditions énoncées aux alinéas a) à c) du paragraphe 11 sont réunies.

Personnes liées

10. Aux fins du présent article, une personne est considérée comme liée à une autre personne si, compte tenu de l'ensemble des faits et circonstances propres à chaque cas, l'une contrôle l'autre ou si les deux sont contrôlées par la même personne ou les mêmes personnes. Dans tous les cas, une personne est considérée comme liée à une autre personne si :

a) l'une possède directement ou indirectement plus de 50 pour cent des droits ou participations effectifs dans l'autre (ou, dans le cas d'une société, plus de 50 pour cent du total des droits de vote et de la valeur des actions de la société ou des droits de participation effectifs dans ses capitaux propres) ; ou

b) une autre personne possède directement ou indirectement plus de 50 pour cent des droits ou participations effectifs (ou, dans le cas d'une société, plus de 50 pour cent du total des droits de vote et de la valeur des actions de la société ou des droits ou participations effectifs dans ses capitaux propres) dans chaque personne.

Personnes liées – règle anti-abus ciblée

11. Lorsque :

a) un paiement d'un élément de revenu visé provenant d'un État contractant (le « paiement d'origine ») est effectué par une personne autre qu'une personne physique en faveur d'un résident de l'un ou l'autre des États contractants (« l'intermédiaire ») ; et

b) à tout moment au cours d'une période de 365 jours qui comprend le jour du paiement d'origine, l'intermédiaire paye, directement ou indirectement, un montant égal à la totalité ou à la quasi-totalité du paiement d'origine, sous la forme de paiements (« paiements liés ») :

(i) une ou plusieurs personnes (le « bénéficiaire lié »), autres qu'une personne décrite au paragraphe 8, qui sont liées à la personne qui effectue le paiement d'origine ;

(ii) le bénéficiaire lié est assujetti, au titre des paiements liés, à un taux d'imposition inférieur à 9 pour cent dans l'État dont il est un résident et à un taux nominal d'imposition dans l'État dont l'intermédiaire est un résident (en tenant compte de toute réduction de ce taux résultant d'une convention de double imposition) (le « taux d'imposition intermédiaire ») qui est lui aussi inférieur à 9 pour cent ; et

(iii) si l'intermédiaire inclut le paiement d'origine dans son revenu imposable dans l'État contractant dont il est un résident, les paiements liés sont déductibles lors du calcul de son revenu imposable dans cet État ; et

c) il est raisonnable de conclure que l'intermédiaire n'aurait pas procédé aux paiements liés en l'absence du paiement d'origine ;

le paiement d'origine effectué à un intermédiaire ou tout paiement lié effectué à un bénéficiaire lié qui est un résident de l'autre État contractant est assimilé, aux fins du présent article, à un revenu visé payé à une personne liée au payeur qui est un résident de cet autre État, et le taux d'imposition auquel cet élément de revenu visé est assujetti est, aux fins des paragraphes 1, 2 et 5, considéré comme étant :

d) dans le cas où le paiement d'origine est effectué à un intermédiaire qui est un résident de cet autre État, le taux d'imposition le plus élevé entre celui auquel le bénéficiaire lié est assujetti, sur les paiements liés, dans l'État dont il est un résident, et le taux d'imposition intermédiaire ; ou

e) dans le cas où le paiement d'origine est effectué à un intermédiaire qui est un résident de l'État contractant d'où provient cet élément de revenu visé, le taux d'imposition auquel le bénéficiaire lié est assujetti, sur les paiements liés, dans l'État dont il est un résident.

Seuil d'importance

12. Les dispositions des paragraphes 1 et 2 ne s'appliquent pas à un élément de revenu visé provenant d'un État contractant et tiré par une personne qui est un résident de l'autre État contractant (le « bénéficiaire testé »), sauf si la somme :

a) du montant brut du revenu visé dont le paiement est effectué par un ou plusieurs résidents du premier État contractant qui sont liés au bénéficiaire testé et qui est tiré par le bénéficiaire testé ou par un ou plusieurs résidents de l'autre État qui sont liés au bénéficiaire testé ; et

b) du montant brut du revenu visé dont la charge est supportée par un ou plusieurs établissements stables situés dans le premier État par le biais desquels le bénéficiaire testé ou des personnes qui sont liées au bénéficiaire testé, exercent des activités et qui est tiré par le bénéficiaire testé ou un ou plusieurs résidents de l'autre État qui sont liés au bénéficiaire testé ;

est égale ou supérieure à [Y EUR [3]] au cours de l'année fiscale concernée.

Aux fins du présent paragraphe :

c) il n'est pas tenu compte du taux d'imposition applicable au revenu visé dans cet autre État ; et

d) des personnes ne sont pas considérées comme liées si elles sont liées uniquement en raison du contrôle exercé, ou de droits ou participations effectifs (ou, dans le cas d'une société, du total des droits de vote et de la valeur des actions de la société ou de droits ou participations effectifs dans les capitaux propres de la société) détenus, directement ou indirectement, par une personne, une entité ou un dispositif décrit :

(i) à l'alinéa e) du paragraphe 8 ; ou

(ii) au sous-alinéa (i) du paragraphe 8, en remplaçant les références « aux alinéas c) à h) » par « à l'alinéa e) ».

Application à un établissement stable dans l'État de la source

13. Si la personne qui tire l'élément de revenu visé, étant un résident d'un État contractant, exerce des activités dans l'autre État contractant dans lequel ce revenu est généré par l'intermédiaire

[3] Y EUR sera fixé en fonction de la taille de la plus petite économie des deux États contractants. Pour les États contractants dont le PIB est égal ou supérieur à 40 milliards EUR, le seuil sera de 1 million EUR. Pour les États contractants dont le PIB est inférieur à 40 milliards EUR, le seuil sera de 250 000 EUR.

d'un établissement stable qui y est situé, les dispositions des paragraphes 1 et 2 ne s'appliquent pas :

a) aux intérêts et redevances si la créance, le droit ou le bien au titre duquel les intérêts ou les redevances sont payés est effectivement rattaché à cet établissement stable ;

b) à d'autres éléments de revenu visé dans la mesure où ils sont attribuables à cet établissement stable, conformément aux dispositions de l'article 7.

Dans ce cas, les dispositions de l'article 7 s'appliquent.

Administration

14. L'impôt applicable en vertu des dispositions du présent article dans un État contractant au titre d'un élément de revenu visé provenant de cet État et tiré par un résident de l'autre État contractant au cours d'une année fiscale est établi après la fin de cette année fiscale et n'est pas prélevé par le premier État tant qu'il n'aura pas été ainsi établi. Les autorités compétentes des États contractants peuvent régler d'un commun accord les modalités d'application des dispositions du présent article.

Conséquences du présent article

15. Il est entendu que les dispositions du présent article :

a) sont incluses dans cette Convention dans le cadre de la mise en œuvre de la Solution reposant sur deux piliers pour relever les défis fiscaux soulevés par la numérisation de l'économie du Cadre inclusif OCDE/G20 sur l'érosion de la base d'imposition et le transfert de bénéfices ;

b) ne reflètent pas par ailleurs les politiques en matière de conventions fiscales de l'un ou l'autre État contractant ; et

c) ne préjugent pas de modifications ultérieures apportées à la présente Convention ou à toute autre Convention conclue par l'un ou l'autre des États contractants.

Conception de la RAI

1. La règle d'assujettissement à l'impôt (RAI) prend la forme d'un article d'une convention bilatérale conventionnelle afin d'en faciliter la lecture et l'interprétation, et d'analyser ses interactions avec d'autres dispositions d'une convention. Pour les mêmes raisons, elle est présentée sous la forme d'un modèle de disposition qui est inclus dans une convention conformément à la structure et à la terminologie utilisées dans le Modèle de l'OCDE ; ainsi, certains termes définis, tels que « intérêts » et « redevances », mentionnés dans le modèle de disposition, sont alignés sur ceux qui figurent dans le Modèle de l'OCDE. Les conventions existantes peuvent varier à cet égard et à d'autres égards ; l'utilisation des définitions des conventions existantes aux fins de la RAI lorsqu'elles sont incluses dans une convention particulière évitera de complexifier inutilement la convention. Toutefois, les États sont libres de convenir d'adopter les définitions du Modèle de l'OCDE ou des Nations Unies aux fins de la RAI par le biais de négociations bilatérales s'ils ne souhaitent pas utiliser la définition de la convention. Il est également possible de procéder à des modifications dans le contexte d'une convention fiscale bilatérale.

2. La mise en œuvre de la RAI ne passera pas par des modifications des articles du chapitre III (imposition des revenus) du Modèle de Convention fiscale de l'OCDE. Les raisons sont que la règle peut s'appliquer à différentes catégories de revenu et que la répartition actuelle des droits d'imposition n'est pas modifiée. Au contraire, elle est présentée en tant qu'article autonome distinct. Elle respecte la structure et la terminologie employées dans le Modèle de Convention fiscale de l'OCDE, et pourrait donc être intégrée dans une convention fiscale bilatérale basée sur celui-ci. Elle pourrait également, moyennant des adaptations appropriées, être incluse dans une convention fiscale bilatérale fondée sur le Modèle de convention des Nations Unies concernant les doubles impositions entre pays développés et pays en développement. Les Commentaires qui accompagnent la RAI sont eux aussi cohérents avec les Commentaires sur d'autres articles du Modèle de l'OCDE. Toutefois, la RAI et ses Commentaires doivent être lus à la lumière des observations formulées par certains pays membres de l'OCDE, et des positions exprimées par certains pays non membres, relativement à ces Commentaires – sur les types de paiements qui constituent des redevances, par exemple. Ces observations et positions peuvent être consultées dans le Modèle de Convention fiscale de l'OCDE tel que publié.

3. De par sa conception, le modèle de disposition conventionnelle sur la RAI s'applique uniquement aux éléments de revenu visé qui sont assujettis à des taux d'imposition nominaux ajustés inférieurs au taux minimum de 9 % de la RAI (et qui, en vertu de la convention, n'étaient pas assujettis à un droit d'imposition existant dans l'État de la source à un taux égal ou supérieur à ce taux minimum).

4. Aux termes de la Déclaration relative à une solution reposant sur deux piliers pour résoudre les défis fiscaux soulevés par la numérisation de l'économie (la Déclaration) du 8 octobre 2021, les membres du Cadre inclusif (CI) sur le BEPS qui appliquent aux intérêts, aux redevances et à un ensemble défini de paiements des taux nominaux d'impôt sur le revenu des sociétés inférieurs à 9 % s'engagent à mettre en œuvre la RAI dans le cadre de leurs conventions bilatérales conclues avec des pays en développement membres du Cadre inclusif si ceux-ci le leur demandent. Une note de bas de page dans la Déclaration d'octobre 2021 explique que les pays membres du CI considérés comme en développement sont ceux dont le revenu national brut (RNB) par habitant, calculé selon la méthode Atlas de la Banque mondiale, était inférieur ou égal à 12 535 USD en 2019. La note précise également que la liste des pays en développement sera régulièrement mise à jour. Il y a un processus qui aide les membres du Cadre inclusif sur le BEPS à identifier les conventions fiscales concernées à cette fin. Toutefois, il ne serait pas judicieux d'inclure la RAI dans chaque convention fiscale, car la plupart des juridictions exigent déjà de leurs résidents de payer un impôt sur ce type de revenu à des taux nominaux d'imposition supérieurs à 9 %.

5. La Déclaration indiquait également qu'une convention multilatérale faciliterait la mise en œuvre de la RAI. Cette convention multilatérale est l'une des solutions possibles pour mettre en œuvre la RAI. Les États sont également libres d'inclure la disposition dans leurs conventions fiscales sur une base bilatérale. La forme de la disposition incluse dans la convention multilatérale contiendra des adaptations, telles que

l'utilisation de descriptions à la place des références aux numéros d'articles utilisées dans le modèle de disposition, afin qu'elle soit adaptée aux conventions existantes qui pourraient être conformes au Modèle de convention fiscale des Nations Unies. La convention multilatérale sera également adaptée aux conventions existantes, par exemple en remplaçant les définitions des « intérêts » et des « redevances » (qui, dans le modèle de disposition, suivent les définitions figurant à l'alinéa 3 de l'article 11 et à l'alinéa 2 de l'article 12 du Modèle de l'OCDE) par les définitions utilisées dans les dispositions équivalentes de la convention existante.

1. Droit d'imposition dans l'État de la source lorsque le taux d'imposition du revenu visé est inférieur au taux minimum

6. Le paragraphe 1 autorise l'État d'où le revenu provient (« l'État de la source ») à imposer un élément de « revenu visé » (défini au paragraphe 4). La RAI déroge aux restrictions (en tout ou partie) appliquées aux droits d'imposition de l'État de la source en vertu des règles de répartition définies dans les articles spécifiés de la Convention qui autrement s'appliqueraient à ce revenu. Lorsque les droits d'imposition de l'État de la source ne sont pas limités, la RAI ne s'applique pas. Toutefois, l'exercice de ce droit d'imposition est limité aux situations dans lesquelles le revenu est assujetti à un taux d'imposition dans l'État de résidence de la personne qui tire le revenu (« l'État de la résidence ») qui est inférieur au taux minimum convenu de 9 %. L'expression « taux d'imposition » est définie au paragraphe 5, complété par les paragraphes 6 et 7. En outre, l'exercice du droit d'imposition par l'État de la source est aussi encadré par le paragraphe 2.

2. Droit d'imposition dans l'État de la source limité à un taux déterminé

7. Le paragraphe 2 plafonne l'impôt qui peut être appliqué dans l'État de la source en vertu du paragraphe 1. L'impôt est limité au taux déterminé multiplié par le montant brut du revenu visé. Le taux déterminé correspond à la différence (avec un seuil de zéro) entre le taux minimum convenu de 9% et le taux d'imposition appliqué au revenu visé dans l'État de la résidence. Étant donné que le taux déterminé est calculé en se référant au taux d'imposition applicable dans l'État de la résidence, qui peut varier en fonction de la nature du revenu ou de la personne qui le perçoit, il ne peut pas être déterminé à l'aide d'un seul chiffre. Les règles de détermination du taux d'imposition à cette fin sont énoncées aux paragraphes 5, 6 et 7.

8. L'effet du paragraphe 2 peut être illustré par l'exemple suivant : le taux minimum convenu au paragraphe 1 est de 9 %. Supposons que le taux d'imposition déterminé conformément au paragraphe 5 soit de 5 %, et que le montant brut de l'élément de revenu visé soit de 100. Dès lors, le taux déterminé est de 9 % - 5 % = 4 % et le droit d'imposition de l'État de la source est, en vertu du paragraphe 2, limité à 4 % de 100, soit un impôt de 4. Le paragraphe 2 limite le droit d'imposition de l'État de la source, mais n'oblige pas l'État de la source à appliquer ce droit d'imposition en totalité ou à imposer le montant brut du revenu visé. Cela dépendra du fonctionnement de la législation fiscale nationale de l'État de la source. Par exemple, l'État de la source peut appliquer un taux d'imposition plus élevé au montant net du revenu visé, conformément à sa législation fiscale, dès lors que l'impôt ainsi calculé ne dépasse pas le taux déterminé, multiplié par le montant brut du revenu visé. Dans le prolongement de l'exemple précédent, imaginons que le montant net du revenu visé déterminé en application de la législation de l'État de la source soit de 15, que cette législation prévoit uniquement l'imposition du montant net du revenu visé, et que le taux applicable dans l'État de la source soit de 20 %. L'impôt résultant est de 20 % x 15 = 3, un chiffre qui ne dépasse pas le taux déterminé de 4 % multiplié par le montant brut du revenu (100), et l'État de la source peut exercer son droit d'imposition prévu par son droit interne conformément au paragraphe 2. Si, toutefois, tous les autres faits étaient les mêmes, mais que le taux applicable au revenu net dans l'État de

la source était de 30 % (générant un impôt de 4,5), le paragraphe 2 limiterait à 4 l'impôt appliqué par l'État de la source.

9. Ensemble, les paragraphes 1 et 2 régissent dans leurs grandes lignes le fonctionnement et l'effet de la RAI. La RAI :

a) s'applique uniquement lorsque l'élément de revenu visé est assujetti à un taux d'imposition nominal ajusté dans l'État de la résidence qui est inférieur au taux minimum convenu ; et

b) autorise l'État duquel l'élément de revenu visé provient à imposer ce revenu à concurrence du montant brut du revenu, multiplié par le taux déterminé.

3. Interaction avec d'autres articles

10. Le paragraphe 3 régit les interactions entre la RAI et d'autres dispositions de la Convention qui autorisent l'État de la source à imposer un élément de revenu visé. La première phrase du paragraphe 3 s'applique lorsqu'une autre disposition de la Convention autorise l'État de la source à imposer l'élément de revenu visé à un taux égal ou supérieur au taux déterminé, calculé conformément au paragraphe 2. La deuxième phrase du paragraphe 3 s'applique lorsqu'une autre disposition de la Convention autorise l'État de la source à imposer l'élément de revenu visé à un taux inférieur au taux déterminé, calculé conformément au paragraphe 2.

11. Lorsqu'une autre disposition de la Convention autorise déjà l'État de la source à imposer le montant brut de l'élément de revenu visé à un taux qui est égal ou supérieur au taux déterminé , la première phrase du paragraphe 3 indique que les dispositions des paragraphes 1 et 2 ne s'appliquent pas. Cela garantit que cette autre disposition prévaudra sur la RAI et que l'État de la source ne sera pas contraint d'appliquer un impôt sur le revenu au taux déterminé. Il pourra imposer le revenu aux taux plus élevés prévus par cette autre disposition. Dans ces circonstances, la RAI est sans effet et les paragraphes 1 et 2 ne sont donc pas applicables, ce qui a pour effet de désactiver la RAI. L'obligation d'alléger la double imposition prévue par l'article 23 A ou 23 B continuerait de s'appliquer.

12. Lorsqu'une autre disposition de la Convention autorise déjà l'État de la source à imposer le montant brut d'un élément de revenu visé à un taux inférieur au taux déterminé, la deuxième phrase du paragraphe 3 régit la relation entre la RAI et cette autre disposition. La deuxième phrase du paragraphe 3 a pour effet que le droit d'imposition visé par l'autre disposition est préservé, et que la RAI permet l'application d'un droit d'imposition complémentaire portant le taux combiné au titre des deux dispositions au niveau du taux déterminé. Pour ce faire, le taux prévu par l'autre disposition vient en déduction du taux déterminé calculé conformément au paragraphe 2 ; le taux net est alors le taux déterminé applicable dans ce scénario. Ce mécanisme est sans effet sur les droits d'imposition de l'État de la source, qui correspondront toujours au taux déterminé calculé conformément au paragraphe 2, mais est important pour garantir que les dispositions des articles 23 A et 23 B s'appliquent comme prévu. L'interaction entre la RAI et ces articles est examinée dans le chapitre II de ce rapport. Lorsque la deuxième phrase du paragraphe 3 s'applique, l'adoption de la pratique administrative du prélèvement annuel calculé a posteriori en lien avec la RAI n'impactera pas l'administration par l'État de la source du droit d'imposition prévu par l'autre disposition.

13. Le fonctionnement de la deuxième phrase du paragraphe 3 peut être illustré par l'exemple suivant : SCo, une société qui est un résident de l'État S, effectue un paiement de 100 de revenu visé à RCo, une société qui est un résident de l'État R. SCo et RCo sont des entités liées. Dans l'État R, le revenu bénéficie d'un ajustement préférentiel au sens du paragraphe 6, qui ramène le taux d'imposition applicable au revenu dans l'État R à 4 %. En vertu d'une autre disposition de la convention conclue entre l'État S et l'État R, l'État S est autorisé à appliquer un impôt sur cette catégorie de revenu visé au taux de 2,5 %. La convention contient également une RAI selon le format décrit ci-dessus. Le taux minimum déterminé au

paragraphe 1 est de 9 %. La RAI se déclenche parce que le taux d'imposition appliqué au revenu visé dans l'État R est inférieur au taux minimum convenu. Le taux déterminé calculé conformément au paragraphe 2 est la différence entre le taux minimum de 9 % et le taux d'imposition applicable dans l'État R, soit 4 %, aboutissant à un taux déterminé de 5 %. La deuxième phrase du paragraphe 3 s'applique, préservant l'effet de l'autre disposition autorisant l'État S à imposer le revenu de 100 au taux de 2,5 % et ramenant le taux déterminé en vertu de la RAI à 2,5 % (5 % moins 2,5 %). Aussi, l'État S est autorisé à imposer l'intégralité du revenu visé de 100 au taux plein déterminé de 5 %. L'impôt supplémentaire de 2,5 % dû en vertu de la RAI serait administrée selon l'approche d'une charge annualisée a posteriori.

14. Le paragraphe 3 fait référence à l'imposition du montant brut de l'élément de revenu visé dans l'État d'où provient le revenu conformément à une autre disposition de la Convention. Certaines conventions bilatérales prévoient l'imposition sur une base nette des revenus visés dans l'État d'où proviennent les revenus. Dans ce cas, le montant de l'imposition autorisée conformément aux dispositions de la convention nécessite un calcul du montant brut équivalent. Ce calcul doit être effectué une fois que le « bénéfice net » est calculé.

15. Cette approche peut être illustrée par l'exemple suivant. SCo, une société qui est un résident de l'État S, effectue un paiement de 100 pour l'utilisation d'un équipement industriel, commercial ou scientifique à RCo, une société qui est un résident de l'État R. RCo encourt des coûts (ou, dans le cas des conventions fiscales qui prévoient des règles spécifiques pour considérer que les coûts sont encourus relativement au paiement, est considérée comme ayant encouru des coûts) de 40 pour gagner ce revenu. SCo et RCo sont des personnes liées. Dans l'État R, le revenu est assujetti à un taux d'imposition de 4 %. En vertu d'une autre disposition de la convention entre l'État S et l'État R, l'État S est autorisé à imposer cette catégorie de revenu visé à hauteur de 10 % du montant net. La convention prévoit également une STTR sous la forme décrite ci-dessus. Le taux déterminé calculé conformément au paragraphe 2 est la différence entre le taux minimum de 9 % et le taux d'imposition applicable dans l'État R de 4 %, ce qui donne un taux déterminé de 5 %. L'impôt autorisé en vertu de la convention est calculé comme suit : 100 - 40 = 60. Ce nombre est multiplié par 10 %, ce qui donne un impôt de 6 dans l'État S. Cela représente une imposition de 6 % sur le paiement brut de 100. L'imposition de 6 % sur le paiement brut est supérieure au taux déterminé de 5 % et la RAI ne s'applique donc pas.

4. Revenu visé

4.1. Alinéa a) – catégories de revenu visé

16. L'alinéa a) énumère sept catégories de revenu qui constituent des revenus visés aux fins de la RAI.

4.1.1. Intérêts

17. Le sous-alinéa (i) de l'alinéa a) s'applique aux intérêts, dès lors que ce terme a le sens qui lui est attribué aux fins de l'article 11. Cette définition est énoncée au paragraphe 3 de ce même article. Les termes « employé dans le présent article » (autrement dit l'article 11) figurant au paragraphe 3 de l'article 11 sont redondants et peuvent être source de confusion pour l'application de la définition d'« intérêts » aux fins du paragraphe 4 de la RAI. Ils sont par conséquent omis lors de la lecture de la définition à cette fin.

18. Il est entendu que les États contractants peuvent décider dans une convention bilatérale de donner au terme « intérêts » un sens différent de celui prévu au paragraphe 3 de l'article 11. Dans un tel cas de figure, les États contractants restent libres d'utiliser la définition existant dans leur convention aux fins de l'application de la RAI afin d'éviter des doublons et une complexité inutiles. Lorsqu'une convention bilatérale prévoit un traitement préférentiel pour certains types d'intérêts, les États contractants doivent se

demander si un tel régime aurait un impact concret sur le fonctionnement de la RAI et si les modalités de ce traitement sont cohérentes avec les objectifs sous-jacents de cette règle.

4.1.2. Redevances

19. Le sous-alinéa (ii) de l'alinéa a) s'applique aux redevances, dès lors que ce terme a le même sens que celui que lui est attribué aux fins de l'article 12. Cette définition est énoncée au paragraphe 2 de ce même article. Les termes « employé dans le présent article » (autrement dit l'article 12) figurant au paragraphe 2 de l'article 12 sont redondants et peuvent être source de confusion pour l'application de la définition de « redevances » aux fins du paragraphe 4 de la RAI. Ils sont par conséquent omis lors de la lecture de la définition à cette fin.

20. De même que pour les intérêts, il est entendu que les États contractants peuvent convenir dans une convention bilatérale de donner au terme « redevances » un sens différent de celui prévu au paragraphe 2 de l'article 12. Dans un tel cas de figure, les États contractants restent libres d'utiliser la définition existant dans leur convention aux fins de l'application de la RAI, en tenant compte des objectifs sous-jacents de la RAI, afin d'éviter les doublons et une complexité inutiles.

4.1.3. Paiements effectués en contrepartie de l'usage ou de la concession de l'usage de droits de distribution au titre d'un produit ou d'un service

21. Le sous-alinéa (iii) de l'alinéa a) s'applique aux paiements effectués en contrepartie de l'usage ou de la concession de l'usage de droits de distribution. Comme souligné au paragraphe 10.1 des Commentaires sur l'article 12, de tels paiements ne sont pas des redevances au sens de la définition énoncée au paragraphe 2 de l'article 12, et relèvent par conséquent de l'article 7. De tels paiements visent à accroître les recettes tirées des ventes découlant de la distribution de biens ou de services. Ils peuvent également être effectués pour garantir un droit de distribution exclusif, auquel cas le payeur est le seul habilité à vendre un bien ou un service donné dans une zone géographique déterminée, ou bien un droit de distribution non exclusif, auquel cas plusieurs personnes, outre le payeur, peuvent être autorisées à distribuer le bien ou le service. Cette définition couvre ces deux types de paiement, sachant qu'un droit de distribution exclusif représente probablement une valeur plus élevée. Le paragraphe 10.1 des Commentaires sur l'article 12 du Modèle de convention fiscale de l'OCDE donne un exemple de ce type de paiement.

22. Lorsqu'un paiement est effectué en contrepartie du transfert de la pleine propriété des droits de distribution, ce paiement n'est pas effectué en contrepartie « de l'usage ou de la concession de l'usage » des droits de distribution, et ne relève par conséquent pas du sous-alinéa (iii). Le caractère essentiel de la transaction ne peut être modifié par la forme de la contrepartie ni par le fait que le paiement de la contrepartie soit effectué en une seule fois ou en plusieurs fois.

4.1.4. Primes d'assurance et de réassurance

23. Le sous-alinéa (iv) de l'alinéa a) s'applique aux primes d'assurance et de réassurance et couvre :

- Les primes d'assurance - autrement dit, les paiements effectués au titre d'un contrat d'assurance. Aux fins du sous-alinéa (iv), un contrat d'assurance est un contrat aux termes duquel la partie assurée se prémunit contre un risque de pertes futures susceptible de découler de la survenue d'un événement déterminé. En contrepartie des primes versées par la partie assurée, l'assureur indemnisera l'assuré ou un bénéficiaire en cas de survenue de l'événement déterminé.
- Les primes de réassurance - autrement dit, les paiements effectués au titre d'un contrat de réassurance entre un assureur et un réassureur. Aux fins du sous-alinéa (iv), un contrat de réassurance est un contrat aux termes duquel l'assureur, en contrepartie du versement d'une

prime, cède les risques assurés à un réassureur. Dans un contrat de réassurance, l'assurance d'origine reste responsable contractuellement du versement des paiements aux assurés.

24. Alors que le sous-alinéa (iv) de l'alinéa a) s'applique aux primes d'assurance et de réassurance de toute nature, de même que pour les autres catégories de revenu visé, il est limité par les dispositions du paragraphe 8, qui restreint l'application de la RAI aux paiements entre personnes liées. Cela signifie, concrètement, que l'application de la RAI sera généralement limitée aux contrats d'assurance et de réassurance captives.

4.1.5. Commissions au titre de l'octroi d'une garantie financière, ou d'autres commissions financières

25. Le sous-alinéa (v) de l'alinéa a) s'applique aux commissions au titre de l'octroi d'une garantie financière ou autres commissions financières.

26. Une garantie s'entend comme un engagement juridiquement contraignant de la part du garant à assumer une obligation spécifique en cas de manquement à cette obligation par le débiteur bénéficiant de la garantie. Les garanties financières sont versées au titre de contrats par lesquels l'émetteur s'engage à effectuer des paiements déterminés pour rembourser le titulaire de toute perte subie en cas de non-paiement à échéance d'une créance due par un débiteur. Ces frais sont couverts par le sous-alinéa (v) de l'alinéa a).

27. Un exemple courant dans un groupe d'EMN serait l'octroi d'une garantie par une entreprise associée (le garant) sur un prêt contracté par une autre entreprise associée (l'emprunteur) auprès d'un prêteur indépendant. En fournissant une garantie explicite au prêteur, le garant s'expose à un risque supplémentaire, dans la mesure où il s'engage juridiquement à se substituer à l'emprunteur en cas de défaut de paiement de celui-ci, tandis que la garantie permet à l'emprunter d'emprunter à des conditions préférentielles à celles que sa note de crédit lui permettrait de prétendre en l'absence de garanties.

28. Les commissions financières couvrent les contreparties supplémentaires payées par un débiteur en relation avec l'emprunt de fonds ou l'émission de titres de créance. Cette catégorie comprend les frais payés par le débiteur pour dédommager le prêteur lié concernant des coûts relatifs à l'avance des fonds. Ces frais incluent les frais d'origination du prêt, les commissions, les frais de comptabilité et d'audit, les frais juridiques et tout autre coût directement imputables à l'émission d'un titre de créance qui ne sont ni des intérêts ni des frais liés aux garanties financières. Les frais d'émission d'emprunts sont différents des intérêts versés dans la mesure où ils peuvent être payés selon des modalités différentes, mais ils augmentent le taux d'intérêt effectif applicable au titre de créance.

29. À titre d'exemple la société T, membre du groupe d'EMN Y, est l'entité qui gère la trésorerie de ce groupe d'entreprises multinationales et réalise à ce titre différentes opérations financières intragroupes et avec des tierces parties. Sa mission principale consiste à fournir des services de trésorerie à d'autres entités au sein du groupe. Elle met également en place des prêts intragroupes pour répondre aux besoins de financement d'autres entités du groupe, en tant que de besoin. Lorsqu'elle prête à d'autres entités du groupe Y, la société T facture des frais d'origination afin de couvrir le coût de la fourniture de services nécessaires pour gérer et traiter la demande de prêt. Ces frais entrent dans le champ d'application du sous-alinéa (v) de l'alinéa a). Les intérêts d'emprunt payés n'entrent pas dans le champ d'application du sous-alinéa (v) de l'alinéa a), mais relèveraient du sous-alinéa (i) de ce même alinéa.

30. Le rôle de la société T peut également être plus limité. Elle peut aussi jouer le rôle de courtier financier, et négocier l'obtention de prêts auprès de parties tierces. Dans de telles circonstances, les intérêts versés, de même que les autres commissions financières connexes, seraient exclus du champ d'application de la RAI dans la mesure où l'accord de prêt serait conclu avec une tierce partie. Néanmoins, les frais payés par des membres du groupe Y à la société T en contrepartie des services fournis en sa

qualité de courtier relèveraient du sous-alinéa (vii) de l'alinéa a) et entreraient par conséquent dans le champ d'application de la RAI.

4.1.6. Loyer ou tout autre paiement pour l'usage ou la concession de l'usage d'un équipement industriel, commercial ou scientifique

31. Le sous-alinéa (vi) de l'alinéa a) s'applique à un loyer ou tout autre paiement pour l'usage ou la concession de l'usage d'un équipement industriel, commercial ou scientifique. Cette disposition couvre tous les paiements perçus par le propriétaire, ou toute autre personne ayant des droits sur le droit d'usage d'un équipement, en contrepartie de l'utilisation par une autre personne de cet équipement (couramment désigné sous le terme de location).

32. Le terme « équipement » n'est pas défini, mais fait référence aux actifs corporels utilisés par une entreprise. Il ne couvre pas la propriété intellectuelle ou les biens immobiliers relevant de l'article 6. Les équipements industriels, commerciaux ou scientifiques constituent une sous-catégorie d'équipements et incluent les actifs utilisés en dehors d'un contexte de clientèle, comme les navires, les avions, les automobiles, les camions et autres véhicules, les machines, les grues, les conteneurs et les plates-formes. Les satellites, les oléoducs et gazoducs et les câbles constituent d'autres exemples d'équipements industriels, commerciaux ou scientifiques, quoique, comme l'indique le paragraphe 9.1 des Commentaires sur l'article 12, les paiements effectués en contrepartie de l'utilisation des capacités de ces équipements (par exemple, pour transmettre des communications ou de l'énergie électrique, pour transporter du gaz ou du pétrole) sans entraîner un transfert de propriété ou de contrôle de ces équipements au bénéfice de la personne qui utilise ces capacités seront généralement exclus de cette catégorie de revenus, dans la mesure où ce paiement serait par nature un paiement effectué en contrepartie des services fournis par la personne recevant le paiement. Et, dès lors, dans le cas des oléoducs, des gazoducs et des câbles, que ces équipements sont à juste titre considérés comme des biens immobiliers en vertu du droit interne d'un État, les paiements versés en contrepartie de leur utilisation sont, en toutes circonstances, exclus de cette catégorie. Le sous-alinéa (vi) de l'alinéa a) s'applique uniquement aux paiements versés pour l'usage, ou la concession de l'usage, de ces équipements et ne couvre pas les paiements effectués en contrepartie de la vente de ces équipements. Une nette distinction doit être établie entre les paiements effectués pour l'usage d'un équipement, qui sont soumis au sous-alinéa (vi) de l'alinéa a), et les paiements versés en contrepartie de la vente d'un équipement, qui, selon les cas, peuvent relever des articles 7, 13 ou 21. Certains contrats combinent les éléments de la location et de la vente, de sorte qu'il s'avère parfois difficile d'en déterminer la véritable portée juridique. En ce qui concerne les ventes à tempérament et les contrats de location-vente, il semble bien que les éléments de la vente prédominent, parce que les parties ont stipulé dès le début qu'il y aurait un transfert de la propriété du bien de l'une à l'autre tout en subordonnant ce transfert au paiement de la dernière échéance. Les versements échelonnés effectués par l'acheteur/locataire ne constituent donc pas, en principe, des revenus au sens du sous-alinéa (vi) de l'alinéa a). En revanche, dans le cas du prêt-bail, et notamment du « leasing », l'objet exclusif ou du moins principal du contrat est normalement une location, même si le locataire a la faculté de se porter acquéreur du matériel en cours d'exécution du contrat. Le sous-alinéa (vi) de l'alinéa a) s'applique donc, dans le cas normal, aux loyers payés par le locataire, y compris ceux qu'il aurait versés jusqu'au jour de l'exercice d'une éventuelle option d'achat.

4.1.7. Tout revenu perçu en contrepartie de la fourniture de services

33. Le sous-alinéa (vii) de l'alinéa a) s'applique aux paiements effectués en contrepartie de la fourniture de services. Le terme « services » doit être interprété conformément à son sens ordinaire et doit généralement être interprété comme signifiant une action accomplie en faveur d'une autre personne. Le mode de prestation n'est pas pertinent afin de déterminer si un revenu est perçu en contrepartie de la fourniture d'un service.

34. Les revenus perçus en contrepartie de la fourniture ou la mise à disposition de biens, y compris le matériel, et les revenus perçus pour l'usage ou la concession de l'usage de biens immobiliers ou de droits de propriété intellectuelle, sont exclus du périmètre de ce terme (toutefois, voir, par exemple, les paragraphes 17.1 à 17.4 des Commentaires sur l'article 12 du Modèle de Convention fiscale de l'OCDE qui expliquent que les paiements effectués pour certaines transactions qui accordent au client une utilisation ou un accès limité à des droits de propriété intellectuelle ne sont pas considérés comme des paiements « pour l'usage ou la concession de l'usage » des droits de propriété intellectuelle). Lorsque les revenus sont traités séparément à l'alinéa a) par un sous-alinéa qui précède, ce sous-alinéa prévaut sur le sous-alinéa (vii).

4.1.8. Contrats mixtes

35. Le revenu visé peut être payé au titre de ce que l'on appelle des « contrats mixtes », en vertu desquels un même paiement englobe une catégorie de revenu visé par le paragraphe 4, et une catégorie de revenu qui ne l'est pas. Un paiement unique en vertu d'un contrat mixte pourrait également représenter différentes catégories de revenus au sens du paragraphe 4. Il convient, aux fins de l'application de la RAI, de prendre en compte l'approche expliquée au paragraphe 11.6 des Commentaires sur l'article 12 du Modèle de l'OCDE pour déterminer le traitement des paiements effectués en vertu de ces contrats.

> *« Dans l'hypothèse d'un contrat mixte, il convient en principe de décomposer, à l'aide des indications contenues dans le contrat ou par une ventilation raisonnable, le montant total de la rémunération stipulée en fonction des diverses prestations auxquelles elle s'applique, et de soumettre chacune des parties de la rémunération ainsi déterminée au régime fiscal qui lui est propre. Lorsque, toutefois, l'une des prestations convenues constitue de loin l'objet principal du contrat et que les autres prestations y prévues n'ont qu'un caractère accessoire et plutôt négligeable, le traitement applicable à la prestation principale devrait en général s'appliquer au montant total de la rémunération. »*

4.2. Alinéa b) – un loyer ou tout autre paiement en contrepartie de l'usage ou la concession de l'usage d'un navire servant au transport de passagers ou de marchandises en trafic international dans le cadre d'un contrat de location coque nue et le revenu tiré par une personne dont la charge fiscale, en vertu de la législation d'un État contractant, est déterminée en référence au tonnage d'un navire

36. Le sous alinéa (ii) de l'alinéa b) exclut la définition du revenu visé, et par conséquent, de la RAI, tout revenu tiré de la location d'un navire servant au transport de passagers ou de marchandises en trafic international dans le cadre d'un contrat de location coque nue. La location d'un navire dans le cadre d'un affrètement coque nue signifie la location d'un navire affrété sans équipage ni capitaine.

37. L'article 8 (Navigation maritime et aérienne internationale) du Modèle de Convention fiscale de l'OCDE ne figure pas parmi les dispositions énumérées au paragraphe 1 de la RAI, ce qui signifie que la RAI ne s'applique pas aux éléments de revenu visé qui constituent des bénéfices provenant de l'exploitation, en trafic international, de navires ou d'aéronefs, y compris les bénéfices directement liés à une telle exploitation de navires et d'aéronefs, et ceux qui ne sont pas directement liés à cette activité, mais qui sont accessoires à celle-ci, comme le décrivent les paragraphes 4 à 10.1, 14 et 14.1 des Commentaires sur l'article 8.

38. L'article 7 s'applique aux bénéfices provenant de la location d'un navire destiné à être utilisé pour le transport de passagers ou de marchandises en trafic international dans le cadre d'un affrètement coque nue lorsqu'elle est davantage qu'un accessoire à l'exploitation des navires d'une entreprise en trafic international. Étant donné que l'article 7 figure au paragraphe 1 de la RAI et que les revenus de location sont des revenus visés au sous-alinéa (vi) de l'alinéa a) du paragraphe 4 de la RAI, la RAI s'appliquerait à ces bénéfices en l'absence d'une exclusion spécifique. L'alinéa b) prévoit une telle exclusion.

39. Le sous-alinéa ii) de l'alinéa b) exclut de la définition de revenu visé tout élément de revenu imposé en référence au tonnage d'un navire. Cette disposition s'applique aux régimes dits de « taxation au tonnage ». L'exclusion s'applique quel que soit le mode de fonctionnement d'un tel régime, à condition que la charge fiscale de la personne qui tire cet élément de revenu soit déterminée par référence au tonnage d'un navire.

4.3. Alinéa c) – Règles de détermination de la source

40. L'alinéa c) énonce les règles de détermination de la source applicables aux fins de déterminer si un élément de revenu visé provient d'un État contractant aux fins de la RAI. En ce qui concerne les intérêts définis au sous-alinéa (i) de l'alinéa a), l'alinéa c) applique la règle de source énoncée au paragraphe 5 de l'article 11. Dans tous les autres cas, l'alinéa c) énonce une règle de source qui suit la même approche que la règle énoncée au paragraphe 5 de l'article 11, en remplaçant « *pour lequel la dette donnant lieu au paiement des intérêts a été contractée* » par « *pour lequel l'obligation donnant lieu au paiement de l'élément de revenu visé a été contractée* » dans la deuxième phrase.

41. Une double imposition peut survenir dès lors que la personne qui tire le revenu visé et celle qui paye les intérêts sont toutes deux des résidents des États contractants, mais que l'emprunt a été contracté pour les besoins d'un établissement stable qui est celui d'un payeur dans un État tiers et qui supporte la charge de ces intérêts. Le paiement des intérêts peut être assujetti à la RAI à la fois dans l'État dans lequel réside le payeur et dans l'État tiers. De telles situations de double imposition peuvent être résolues par le biais d'une convention multilatérale. Elles peuvent alternativement être résolues dans le cadre d'une procédure amiable (comme envisagé au paragraphe 3 de l'article 25). Les États contractants qui intègrent dans une convention la disposition alternative énoncée au paragraphe 30 des Commentaires sur l'article 11 pourraient souhaiter examiner l'incidence de cette approche aux fins de l'application de la RAI. Les mêmes considérations s'appliqueraient à d'autres éléments de revenu visé susceptibles d'être imposés dans l'État de la source en vertu des dispositions d'une convention fiscale bilatérale.

5. Signification de « taux d'imposition »

42. Le paragraphe 5 traite du taux d'imposition mentionné aux paragraphes 1 et 2 de la RAI. L'alinéa a) définit le « taux d'imposition » aux fins de la RAI. L'alinéa b) fait référence aux impôts pris en compte pour les besoins du calcul du taux d'imposition (« impôts concernés »). L'alinéa c), lorsqu'il concerne l'application de la RAI, impose aux autorités compétentes de se communiquer, par écrit, les taux nominaux applicables aux éléments de revenu visé et les ajustements préférentiels dont bénéficient leurs résidents (autres que les personnes physiques).

43. La RAI s'applique avant les règles GloBE. Cela signifie que l'application de la RAI ne tient pas compte d'une RDIR qualifiée, d'une RPII qualifiée ou d'un impôt complémentaire minimum qualifié prélevé localement.

5.1. Alinéa a) - Signification de « taux d'imposition »

44. L'alinéa a) définit le taux d'imposition aux fins de la RAI. Le point de départ pour la détermination du taux d'imposition est le taux nominal d'imposition qui s'applique à un élément de revenu visé dans l'État dont la personne qui tire le revenu est un résident. Il s'agit en l'espèce du taux d'imposition applicable par l'État de résidence, en vertu de la législation fiscale, au revenu net de la personne qui tire ce revenu. Lorsque l'État contractant dont la personne qui tire le revenu visé est un résident n'assujettit pas cette personne à l'impôt sur le revenu net, mais sur une base différente, le taux d'imposition n'est pas déterminé par référence au taux d'imposition nominal. Voir les paragraphes 62 à 64 pour la détermination du taux d'imposition concernant les impôts concernés calculés sur une base différente.

45. L'expression « taux nominal » désigne le taux tel que défini dans les règlements et décisions de l'administration fiscale, et le taux applicable selon l'interprétation des tribunaux nationaux. Il s'agira la plupart du temps du taux principal de l'impôt sur les sociétés (IS) applicable aux sociétés résidentes de cet État. Toutefois, lorsque la législation fiscale d'un État prévoit un taux nominal spécifique pour certaines catégories de revenu, ou pour des contribuables présentant certaines caractéristiques ou remplissant certaines conditions, ce taux sera le taux applicable conformément au paragraphe 5. Autrement dit, lorsque le revenu visé bénéficie d'un taux nominal d'imposition réduit dans l'État de résidence, ce taux est considéré, en vertu du paragraphe 5, comme le taux applicable aux fins de l'application du critère prévu au paragraphe 1, et du calcul du taux déterminé au paragraphe 2. Par exemple, un État contractant peut appliquer un taux d'IS de 25 %, mais prévoir que les revenus financiers sont assujettis à un régime fiscal préférentiel assorti d'un taux d'imposition réduit de 5 %. Dans ces conditions, le taux nominal d'imposition pris en compte aux fins de l'application de la RAI est de 5 %. De même, lorsqu'un taux préférentiel n'est applicable qu'à un certain type d'entité, le paragraphe 5 retient ce taux comme le taux applicable si le bénéficiaire relève d'une telle catégorie. Un État peut prévoir un taux réduit d'imposition de 5 % sur les revenus des sociétés qui sont détenues par des personnes physiques. Si un élément de revenu visé est perçu par une telle société, le taux nominal réduit d'imposition de 5 % sera celui pris en compte aux fins de l'application de la RAI.

46. Un État peut par exemple appliquer un taux d'IS supérieur au taux minimum, mais imposer tel ou tel élément de revenu visé à un taux inférieur au taux normal d'imposition sur les sociétés. Ce taux réduit peut en principe être accordé à tous les contribuables résidents, aux contribuables pouvant prétendre au bénéfice d'un régime préférentiel, ou bien à certaines catégories de revenus uniquement. Dans tous ces cas, le taux réduit d'imposition, et non le taux général, est le taux applicable dans l'État de résidence à ce revenu aux fins du paragraphe 5.

47. Dans la plupart des cas, l'alinéa a) prévoit que la détermination du taux d'imposition applicable à un élément de revenu est effectuée par rapport à la personne qui le perçoit. Néanmoins, lorsqu'un élément du revenu visé d'une personne est inclus dans le calcul de l'impôt d'une autre personne dans le même État en vertu du régime de consolidation fiscale ou d'intégration fiscale de cet État, le taux d'imposition de ce revenu est déterminé en tenant compte du taux d'imposition applicable à cette autre personne au titre de ce revenu.

48. Certains États prévoient un taux progressif d'imposition applicable au revenu net des sociétés. Par exemple, un État dont le taux normal d'imposition est de 15 % peut appliquer un taux de 5 % à la première tranche de X EUR générée chaque année par une société. Si les tranches du barème d'imposition sont étroites, et que la majeure partie du revenu net d'une société est imposée à un taux sensiblement supérieur au taux minimum, il est peu probable que la progressivité ait un effet significatif sur le taux nominal applicable à un élément de revenu.

49. Dans certains cas, toutefois, lorsqu'il existe des écarts importants entre les taux du barème progressif d'imposition, cela peut aboutir à un taux d'imposition sur le revenu visé sensiblement plus faible. Pour remédier à ce problème, une méthode simplifiée pourrait être utilisée pour déterminer le taux nominal qui s'applique à la société. Par exemple, le taux applicable pourrait être déterminé en fonction du taux moyen d'imposition auquel le revenu net de la société est assujetti. Si le taux normal d'imposition est de 15 %, mais que l'État applique un taux de 5 % à la première tranche de 1 million EUR, et si une société réalise un revenu net annuel de 4 millions EUR, le taux nominal pour cette année serait de 12.5 %, calculé comme suit :

$$Taux\ moyen\ d'imposition\ sur\ le\ revenu\ = \frac{(1\ million\ x\ 5\ \%) + (3\ millions\ x\ 15\ \%)}{4\ millions}$$

50. Il convient de traiter toute exonération ou exclusion générale d'une fraction du revenu net d'une société de la même manière qu'un taux progressif d'imposition. Par exemple, si au lieu d'appliquer un taux

de 5 % à la première tranche de 1 million EUR, un État exonère cette première tranche, le taux nominal d'imposition s'élèverait pour le contribuable à 11,25 % au titre de cette année.

51. Déterminer le taux moyen d'imposition sur le revenu en fonction du barème progressif de l'impôt applicable dans l'État de résidence est un calcul qui tient nécessairement compte des spécificités de chaque contribuable, ce qui ajoute une dose de complexité dans la détermination du taux applicable. Une approche fondée sur le calcul d'une moyenne peut ne pas systématiquement produire un résultat fiable (par exemple, lorsque la société résidente se trouve en situation de perte nette). Elle ne devrait donc être utilisée que si elle permet de déterminer avec davantage de précision le taux nominal applicable à ce contribuable. Ce type d'approche peut notamment être indiqué si le barème progressif applicable dans l'État de résidence est supposé avoir un effet significatif sur le taux nominal applicable au revenu visé.

52. Lorsque la personne qui tire l'élément de revenu visé bénéficie d'un « ajustement préférentiel » au titre de ce revenu, le paragraphe 5 prévoit que le taux d'imposition doit être ajusté pour tenir compte de l'effet de cet ajustement. En effet, lorsqu'un ajustement préférentiel est accordé au titre du revenu visé, le taux général d'imposition ne reflète pas le taux effectif d'imposition appliqué à cet élément de revenu particulier. Le paragraphe 6 définit ce qu'est un « ajustement préférentiel » à cet effet, et les Commentaires relatifs à cette disposition illustrent l'application combinée des paragraphes 5 et 6.

5.2. Alinéa b) - Impôts concernés

53. Les impôts à prendre en compte en vertu de la législation de l'État de résidence sont définis à l'alinéa b). Ils comprennent tous les impôts visés par la convention fiscale applicable, et tous les impôts sur le revenu net. La référence au revenu net figurant à l'alinéa b) vise à harmoniser la définition des impôts concernés figurant à l'alinéa b) avec celle des impôts sur le revenu qui sont traités comme des impôts concernés en vertu des règles GloBE. Un impôt sur le revenu net correspond à un prélèvement sur un flux monétaire ou sur la valeur de gains monétaires réalisés par un contribuable au cours d'une période donnée, et tient compte des dépenses liées à la production du flux monétaire, afin d'évaluer l'enrichissement net du contribuable au cours de la période. Lorsque les impôts sur le revenu net sont d'abord calculés sur une base de groupe, puis répartis entre les entités du groupe, l'impôt attribué à une entité spécifique du groupe sera pris en compte pour déterminer le taux d'imposition nominal ajusté applicable au revenu visé perçu par cette entité. Le périmètre couvert englobe les impôts fondés sur une estimation simplifiée du bénéfice net, ainsi que les impôts sur le revenu appliqués par les administrations publiques au niveau infranational, ainsi qu'au niveau national ou fédéral.

5.3. Alinéa c) - Communication des taux d'imposition et des ajustements préférentiels

54. L'alinéa c) prévoit que les autorités compétentes doivent se communiquer par écrit les taux et autres caractéristiques de leur législation fiscale qui sont pertinents aux fins de l'alinéa a) du paragraphe 5 et du paragraphe 6. Cette disposition contribue à la sécurité juridique en matière fiscale grâce à un mécanisme qui permet aux États contractants de mieux comprendre les circonstances dans lesquelles la RAI s'appliquera et de les expliciter à leurs contribuables. Elle complète la deuxième phrase du paragraphe 4 de l'article 2 du Modèle de convention fiscale de l'OCDE qui oblige les autorités compétentes à se communiquer les modifications significatives apportées à leurs législations fiscales, mais se concentre plus précisément sur les aspects qui dans ces législations servent à déterminer spécifiquement les taux nominaux d'imposition applicables aux fins de l'alinéa a), et sur les régimes susceptibles de donner lieu à des ajustements préférentiels relevant du champ d'application du paragraphe 6. L'alinéa c) définit donc avec plus de précision les attributs de la législation fiscale des États contractants qui doivent être communiqués aux fins de la RAI. Les États contractants qui communiquent ces questions en vertu du paragraphe 4 de l'article 2, comme des modifications significatives de leur législation fiscale, auront rempli l'obligation prévue à l'alinéa c) à condition que la communication traite de toutes les caractéristiques requises en vertu de l'alinéa c).

55. Le sous-alinéa (i) de l'alinéa c) prévoit que les autorités compétentes se communiquent les taux nominaux applicables aux revenus visés dans leur État, dans la mesure où ils sont pertinents aux fins de l'application de la RAI. Cette disposition exige donc uniquement d'une autorité compétente qu'elle communique à l'autre autorité compétente les taux d'imposition à prendre en compte aux fins de la RAI. Par exemple, une autorité compétente ne serait pas tenue de communiquer un changement de taux d'imposition applicable aux personnes physiques résidentes parce que la RAI ne s'applique pas aux personnes physiques en vertu du paragraphe 8.

56. Il est attendu des autorités compétentes qu'elles se communiquent les taux d'imposition applicables lors de l'entrée en vigueur de la RAI. Après cette première communication, le sous-alinéa (i) de l'alinéa c) prévoit qu'une autorité compétente doit communiquer les autres autorités compétentes uniquement en cas de modification d'un taux d'imposition applicable, et uniquement lorsque ce changement est pertinent pour l'application de la RAI.

57. Le sous-alinéa (ii) de l'alinéa c) prévoit que les autorités compétentes doivent se communiquer les dispositions de leur législation fiscale applicables au revenu visé aux fins de l'application de la RAI, qui sont susceptibles de donner lieu à un ajustement préférentiel en vertu du paragraphe 6. Cette communication devrait comprendre des explications sur l'application de ces dispositions ou leur incidence sur le paragraphe 6. Par conséquent, l'autorité compétente doit non seulement faire référence à une disposition particulière de son droit interne, mais aussi expliquer comment celle-ci peut donner lieu à un ajustement préférentiel. Comme pour le sous-alinéa (i) de l'alinéa c), il est attendu des autorités compétentes qu'elles se communiquent les dispositions pertinentes de leur législation fiscale au moment de l'entrée en vigueur de la RAI, et ne procèdent à des communications ultérieures que si des modifications qui sont pertinentes aux fins de l'application de la RAI sont apportées à ces dispositions.

58. L'expression « ou toute modification de » figurant aux sous-alinéas (i) et (ii) de l'alinéa c) doit être interprétée au sens large de manière à inclure l'ajout ou la suppression de dispositions ou de taux d'imposition.

59. Il est attendu des États contractants qu'ils procèdent en temps opportun à tous les partenaires conventionnels concernés, c'est-à-dire les États avec lesquelles un État contractant a conclu une convention comprenant la RAI, des communications détaillées concernant les caractéristiques relatives aux taux et régimes d'imposition dans leur État, et les modifications apportées à ces taux et régimes, conformément à l'alinéa c) du paragraphe 5. Bien que cela nécessitera un échange mutuel initial entre les États dont les conventions bilatérales incluent la RAI, et des communications ultérieures en cas de modifications pertinentes apportées aux taux nominaux d'imposition d'un État contractant et à tout régime pouvant donner lieu à un ajustement préférentiel, le processus peut néanmoins être rationalisé. Bien qu'un État contractant puisse avoir conclu plusieurs conventions incluant la RAI, le contenu de la communication vis-à-vis chacun des partenaires conventionnels concernés sera identique dans tous les cas, et les données ne devront être rassemblées qu'une seule fois.

60. Le contenu d'une communication faite en vertu de l'alinéa c), qui vise à préciser les taux nominaux d'imposition applicables (et les modifications de ces taux résultant d'éventuels ajustements préférentiels entrant dans le champ d'application du paragraphe 6) aux fins de l'application des paragraphes 1 et 2 de la RAI, s'avère également utile pour apporter une sécurité juridique en matière fiscale aux entreprises (et à leurs agents payeurs) dont les revenus entrent dans le champ d'application de la règle. Il est donc souhaitable que le contenu de ces communications soit publié de manière à être accessible aux utilisateurs externes des conventions mettant en œuvre la RAI.

61. Malgré l'obligation de communication prévue à l'alinéa c), l'application de l'alinéa a) du paragraphe 5 et du paragraphe 6 n'est pas tributaire de l'existence d'une telle communication. Les moyens propres à faciliter l'échange de communications détaillées et en temps voulu, ainsi que de la publication de leur contenu, dans le cadre des processus présentés brièvement ci-dessus, devraient néanmoins garantir une sécurité juridique à un stade précoce quant aux circonstances dans lesquelles la RAI

s'appliquera entre des États contractants ayant inclus cette disposition dans leurs conventions. Cette approche vise à maximiser la sécurité juridique en matière fiscale, et à lever les doutes ou les difficultés concernant l'application de la RAI. En cas de doute ou de difficulté sur le contenu d'une communication ou en l'absence de communication, la première phrase du paragraphe 3 de l'article 25 du Modèle de convention fiscale de l'OCDE prévoit un mécanisme permettant aux autorités compétentes de résoudre ces problèmes par voie d'accord amiable. Ce mécanisme permet aux autorités compétentes d'engager un dialogue lorsque, par exemple, il existe une première divergence de vues entre elles sur l'effet d'un régime qui a été notifié comme donnant lieu à un ajustement préférentiel ou sur le point de savoir si un régime qui n'a pas été notifié peut donner lieu à un ajustement préférentiel dans le cadre du paragraphe 6. En outre, lorsqu'une personne estime que la manière dont la RAI est appliquée par un État contractant donnera lieu à une imposition non conforme aux dispositions de la Convention, les dispositions des paragraphes 1 et 2 de l'article 25 prévoient un mécanisme permettant de résoudre ce cas par voie d'accord amiable, y compris par un arbitrage obligatoire et contraignant en vertu du paragraphe 5 de l'article 25.

5.4. Détermination du taux d'imposition des impôts concernés sur une base différente

62. Le taux d'imposition aux termes du paragraphe 1, ainsi que la définition du taux d'imposition figurant à l'alinéa a), reposent tous deux sur l'hypothèse selon laquelle la personne qui tire le revenu visé sera imposable sur le revenu net dans l'État où elle réside. Toutefois, il peut arriver que des impôts concernés relevant du champ d'application de l'alinéa b) du paragraphe 5 soient appliqués sur une base différente. Par exemple, si la convention bilatérale suit les dispositions de l'article 2 du Modèle de convention fiscale de l'OCDE, tout impôt sur la fortune ou le revenu sera un impôt visé en vertu de la convention, et devrait être dûment pris en compte pour déterminer le taux d'imposition applicable à un élément de revenu visé.

63. Il faudra, d'une manière générale, que les États contractants conviennent du taux d'imposition ou d'une méthode pour déterminer le taux applicable aux impôts calculés sur une base différente de celle du revenu net afin d'éviter que la RAI ne s'applique dans des circonstances qui échappent à son champ d'application. En effet, un impôt calculé sur une base différente pourrait se traduire pour la personne bénéficiant du revenu par un coût fiscal supplémentaire plus important au regard de son revenu visé comparé à un impôt assis sur le revenu net. Tous ces impôts constituent des impôts pertinents aux fins de la détermination du taux d'imposition. Par exemple, l'un des impôts visés par la convention bilatérale applicable pourrait être un impôt fondé sur les actifs ou les fonds propres d'une entreprise. Il pourrait s'agir d'un impôt distinct calculé sur le montant net des fonds propres d'une société qui viendrait s'ajouter à l'impôt sur les bénéfices, ou d'une composante d'un impôt fondé sur plusieurs éléments, notamment le revenu et les fonds propres. Une société qui est un résident d'un État qui applique ce type d'impôt peut y être assujettie (ou à un montant supplémentaire de cet impôt) du fait d'un prêt accordé à une personne liée. Cet impôt sera toutefois calculé non pas sur les revenus provenant du prêt intragroupe, mais en fonction de l'augmentation des actifs ou des fonds propres de la société résidente résultant de cette opération de financement intragroupe. Dans cette situation, un tel impôt (même si le taux nominal est faible) pourrait entraîner une augmentation de l'impôt dû par une société résidente qui serait relativement élevée en pourcentage du revenu visé généré par le prêt.

64. Les paragraphes ci-dessous abordent deux situations :

a) la première concerne les cas où l'impôt concerné qui est prévu par la convention bilatérale applicable est calculé sur une base différente ;

b) la seconde concerne les cas où l'un des États contractants met en place un tel impôt ou en modifie l'application après l'entrée en vigueur de la RAI.

5.5. Impôts en vigueur au moment de la mise en place de la RAI dans la convention bilatérale

65. Lorsqu'un impôt concerné calculé sur une base différente est déjà en vigueur au moment de l'instauration de la RAI, les États contractants devraient convenir du taux d'imposition ou de la méthode à employer pour déterminer ce taux avant l'entrée en vigueur de la RAI. Cet accord devrait faire l'objet d'un paragraphe supplémentaire ajouté à la RAI ou d'un protocole annexé à la convention.

66. Pour parvenir à un tel accord, les États contractants devraient tenir compte des principales caractéristiques de conception de l'impôt concerné, et de la logique visée par la RAI, notamment la nécessité d'une règle transparente qui protège la base d'imposition de l'État de la source tout en évitant une complexité inutile et le risque d'imposition excessive.

67. Lorsqu'en vertu de l'article 2, un État contractant applique un impôt visé fondé sur le revenu brut, ou sur les fonds propres (par exemple un impôt sur la fortune), ou dont la base d'imposition est définie en fonction de multiples composantes (par exemple le revenu et les fonds propres), l'application de la RAI à un élément de revenu visé en se référant au taux nominal ne refléterait pas fidèlement le taux nominal équivalent appliqué au revenu net, compte tenu de l'assiette plus large.

68. Pour remédier à ce problème, les États contractants devraient inclure dans la convention, ou dans un protocole, une disposition supplémentaire énonçant une méthode permettant de calculer le taux d'imposition à appliquer dans le cas de cet impôt aux fins de la RAI. La formulation d'une telle disposition, qui pourrait être insérée dans la RAI en renumérotant l'alinéa a) du paragraphe 5 en sous-alinéa (i) de cet alinéa, et en ajoutant un nouveau sous-alinéa numéroté (ii), est fournie ci-dessous.

> (ii) Nonobstant le sous-alinéa (i) de l'alinéa a), le taux d'imposition applicable à un élément de revenu visé assujetti à [insérer le nom de l'impôt] dans [insérer le nom de l'État de résidence] est le taux qui résulte de la division du montant total de cet impôt payé par le résident de [insérer le nom de l'État de résidence] durant l'année au cours de laquelle le revenu visé est comptabilisé dans ses états financiers par le montant total de son revenu net figurant dans ces états financiers au cours de cette même année.

69. Le taux d'imposition calculé conformément à cette disposition supplémentaire se substituerait, pour l'impôt en question, au taux nominal mentionné à l'alinéa a) du paragraphe 5. Le taux nominal et les éventuels ajustements préférentiels pris en compte en vertu du paragraphe 6 seraient, au regard de l'impôt concerné, ignorés aux fins du paragraphe 5. Ce paragraphe calcule à la place un taux équivalent sur le revenu net pour tenir compte de l'assiette plus large de l'impôt fondé sur des composantes différentes ou multiples. C'est ce taux, et non le taux nominal, qui est ensuite utilisé aux fins de l'application de la RAI au regard de l'impôt concerné. Lorsqu'un impôt sur le revenu et un impôt fondé sur une autre base sont appliqués à un élément de revenu visé, les taux calculés conformément à l'alinéa a) du paragraphe 5 (renuméroté en sous-alinéas (i)) et (ii)) sont additionnés pour calculer le taux d'imposition aux fins de l'application de la RAI.

70. Ce paragraphe supplémentaire ne modifie pas le fonctionnement de la RAI. Celle-ci continuerait de s'appliquer selon une approche transactionnelle aux revenus visés décrits au paragraphe 4 même si le calcul du taux d'imposition est effectué entité par entité. Si l'entité est assujettie à l'impôt du groupe ou à un régime de consolidation dans l'État de résidence, la fraction de l'impôt attribuable au résident de l'autre État contractant devrait être isolée du reste du groupe.

71. Le taux d'imposition calculé conformément à ce paragraphe est obtenu en divisant le montant total de l'impôt payé durant l'année au cours de laquelle le revenu visé est comptabilisé dans les états financiers du contribuable par le montant total du revenu net de cette année.

72. L'exemple suivant illustre l'application de ce paragraphe. L'État A prélève un impôt sur les sociétés au taux de 2,5 %, dont la base d'imposition est le revenu net et les fonds propres nets de la société.

L'État A a conclu avec l'État B une convention fiscale conforme au Modèle de convention fiscale de l'OCDE, qui inclut la RAI assortie d'un taux d'imposition minimum de 9 %, ainsi que le sous-alinéa (ii) de l'alinéa a) du paragraphe 5 dont la formulation figure au paragraphe 68. Un résident de l'État B effectue un paiement de redevance de 100 en faveur d'un résident de l'État A qui n'est pas assujetti à une imposition à la source en vertu de la convention. Le résident de l'État A réalise un revenu net de 500 (qui inclut le paiement de la redevance d'un montant de 100), et ses capitaux propres nets s'élèvent à 3 000. L'impôt payé dans l'État A est de 87.5 (500 + 3 000 x 2,5 %). Cette disposition supplémentaire, au lieu de la prise en compte du taux nominal de 2,5 %, prescrit que le taux d'imposition aux fins du paragraphe 5 est de 17,5 % (87,5/500). La RAI ne serait donc pas déclenchée parce que le taux de 17,5 % est supérieur au taux minimum de 9 % mentionné au paragraphe 1 de la RAI.

73. Des considérations similaires peuvent se poser lorsqu'un État applique un impôt sur des éléments de revenu visé non pas au moment où ce revenu est généré, mais lors de la distribution (réelle et présumée) des bénéfices. Dans ces circonstances, le taux d'imposition déterminé conformément au paragraphe 5 peut être inférieur au taux d'imposition spécifié au paragraphe 1, mais l'application de la RAI en se référant à ce taux ne refléterait pas avec exactitude le taux d'imposition appliqué au revenu net sur une période donnée. Le présent paragraphe ne s'applique pas aux distributions présumées faites par un établissement stable.

74. Pour remédier à cette situation, les États contractants devraient inclure dans la convention, ou dans un protocole, une disposition supplémentaire énonçant une méthode permettant de calculer le taux d'imposition à appliquer dans le cas de cet impôt sur les distributions aux fins de la RAI. La formulation d'une telle disposition, qui pourrait être insérée dans la RAI en renumérotant l'alinéa a) du paragraphe 5 en sous-alinéa (i) de cet alinéa , et en ajoutant un nouveau sous-alinéa numéroté (ii), est fournie ci-dessous.

> (ii) Nonobstant le sous-alinéa (i) de l'alinéa a), le taux d'imposition applicable à un élément de revenu visé assujetti à [insérer le nom de l'impôt sur les distributions] dans [insérer le nom de l'État de résidence] est le taux qui résulte de la division du montant total de cet impôt payé par le résident de [insérer le nom de l'État de résidence] durant l'année au cours de laquelle le revenu visé est comptabilisé dans ses états financiers, et au cours des deux années qui précèdent immédiatement, par le montant total de son revenu net figurant dans ces états financiers au cours de cette même année, et des deux années qui précèdent immédiatement.

75. L'exemple suivant illustre l'application de ce paragraphe alternatif. L'État B applique un taux d'impôt sur les sociétés de 20 % s'appliquant aux bénéfices distribués. L'État B a conclu avec l'État C une convention fiscale conforme au Modèle de convention fiscale de l'OCDE, qui inclut la RAI assortie d'un taux d'imposition minimum de 9 %, ainsi que le sous-alinéa supplémentaire numéroté (ii) dont la formulation figure au paragraphe 74 ci-dessus. Un résident de l'État C effectue un paiement de redevance de 100 en faveur d'un résident de l'État B qui n'est pas assujetti à une imposition à la source conformément à la convention. Le résident de l'État B enregistre un revenu net de 500 (qui inclut le paiement de la redevance d'un montant de 100) au cours de l'année X, un revenu net de 450 au cours de l'année X-1, et de 400 au cours de l'année X-2. Il procède à des distributions de 400 au titre de l'année X, de 350 au titre de l'année X-1 et de 300 au titre de l'année X-2, ce qui donne lieu au paiement d'un impôt sur les distributions de respectivement 80, 70 et 60. Le montant total de l'impôt sur les bénéfices distribués payé dans l'État B au cours de ces trois années s'élève à 210, et le revenu net total à 1 350. Par conséquent, aux fins du paragraphe 5, le taux d'imposition s'établit à 15,55 % (210/1 350). La RAI ne serait pas déclenchée au cours de l'année X parce que le taux de 15,55 % est supérieur au taux minimum de 9 % mentionné au paragraphe 1 de la RAI.

5.6. Impôts mis en place ou modifiés après l'entrée en vigueur de la RAI

76. Des problèmes similaires à ceux mis en évidence dans la section ci-dessus peuvent se poser lorsqu'un impôt concerné qui est calculé sur une base différente est mis en place ou sensiblement modifié après l'entrée en vigueur de la RAI. Dans ce cas, les États contractants peuvent souhaiter prévoir un mécanisme permettant aux autorités compétentes de s'entendre sur le taux applicable à l'impôt nouveau ou modifié, ou sur une méthode pour déterminer ce taux. La disposition alternative suivante, qui pourrait être insérée en tant qu'alinéa d) du paragraphe 5, peut être utilisée à cette fin :

> d) Si un État contractant applique ou apporte des modifications significatives à un impôt concerné qui n'est pas un impôt sur le revenu net, les autorités compétentes des États contractants conviennent du taux d'imposition applicable à cet impôt, ou de la méthode pour calculer ce taux.

77. Comme indiqué ci-dessus au sujet de l'accord entre les États contractants, les autorités compétentes devraient tenir compte des caractéristiques relatives à l'impôt concerné à la lumière de la logique visée par la RAI. L'accord entre les autorités compétentes pourrait aboutir à un taux présumé ou à un taux de substitution convenu qui s'appliquerait aux contribuables qui satisfont à certains ratios financiers précis, ou à une méthode simplifiée pour calculer le taux d'imposition sur le revenu tenant compte de la base d'imposition différente.

78. Lorsqu'un État contractant apporte des modifications à un impôt concerné qui n'est pas un impôt sur le revenu net, l'approche initialement utilisée pour calculer le taux approprié (ou la méthode employée pour déterminer ce taux) de cet impôt devrait être utilisée pour à la fois aider à déterminer si l'impôt a fait l'objet d'une modification significative (de sorte que l'alinéa d) s'applique) et déterminer le nouveau taux applicable ou la nouvelle méthode proprement dite.

79. Certains États contractants ne peuvent pas déléguer l'approbation de ces éléments aux autorités compétentes et, en ce qui les concerne, les questions présentées ci-dessus ne peuvent être résolues que par la négociation de modifications à apporter à la RAI. En l'absence de telles modifications, le taux d'imposition d'un impôt nouveau ou modifié sera déterminé conformément aux dispositions des paragraphes 5 et 6.

6. Ajustement préférentiel

80. Le paragraphe 6 définit un « ajustement préférentiel », au titre d'un revenu visé, aux fins de l'ajustement du taux nominal d'imposition prévu au paragraphe 5. La définition d'un « ajustement préférentiel » s'articule autour de trois grandes composantes.

81. La première composante, exprimée par les premiers mots du paragraphe, prévoit que pour donner lieu à un ajustement préférentiel, il faut qu'il y ait, dans l'État de la résidence, une réduction permanente du montant du revenu visé assujetti à l'impôt ou de l'impôt dû au titre de ce revenu. Cette condition de base rattache le concept d'ajustement préférentiel à un traitement favorable des revenus visés en vertu de la législation fiscale de l'État de la résidence, qui, par le mécanisme d'une réduction du revenu ou de l'impôt, produit le même effet que l'application d'un taux nominal inférieur.

82. La réduction doit être « permanente », c'est-à-dire qu'elle n'est pas destinée à cesser au fil du temps. Le sous-alinéa (ii) de l'alinéa b) définit une réduction permanente aux fins du paragraphe 6. Outre une réduction destinée à perdurer dans le temps, l'expression considère comme une réduction permanente une réduction dans les cas où la personne qui tire le revenu visé a la maîtrise du moment où ce revenu est constaté aux fins de l'imposition dans l'État de résidence. Si la personne est en situation d'avoir cette maîtrise, la réduction est considérée comme permanente pour autant que le revenu visé ne soit pas pris en compte dans les trois ans qui suivent la fin de l'année fiscale durant laquelle il est généré. Cela n'inclut pas une situation dans laquelle une personne a le contrôle des conditions contractuelles ou

commerciales qui aboutissent au paiement d'un revenu visé, y compris lorsque ces conditions déterminent le moment où le revenu est prend naissance ou celui où il est comptabilisé dans l'État de résidence.

83. Par exemple, certains régimes peuvent prévoir qu'un élément de revenu tiré par une personne ne soit pas assujetti à l'impôt tant que cette personne n'a pas rapatrié ou n'est pas réputée avoir rapatrié le revenu concerné. En pareil cas, la personne qui tire le revenu visé a la maîtrise du moment du rapatriement ou du rapatriement réputé et, partant, de la constatation aux fins de l'imposition. Un revenu visé tiré par une personne qui ne devient imposable que lorsque le revenu est rapatrié ou réputé rapatrié est considéré comme faisant l'objet d'un ajustement préférentiel si ce revenu n'est pas rapatrié ou réputé rapatrié (et donc assujetti à l'impôt) au cours de l'année fiscale durant laquelle le revenu est généré ou dans les trois ans qui suivent la fin de cette l'année fiscale.

84. Il n'y a pas de réduction permanente en cas de différences temporelles dans la constatation du revenu, notamment en cas d'imposition différée du revenu, si la personne qui tire l'élément de revenu n'a pas la maîtrise du moment auquel le revenu est constaté. Il en est ainsi dans les cas où l'État dont est un résident la personne qui tire le revenu exige que ce dernier soit constaté au cours d'une période donnée (par exemple, pour faire apparaître la constatation de ce revenu conformément aux normes comptables applicables).

85. La deuxième composante prévoit que la réduction permanente doit prendre l'une des trois formes énoncées aux sous-alinéas (i) à (iii) de l'alinéa a) du paragraphe 6. Le sous-alinéa (i) englobe les réductions permanentes sous la forme d'une exemption ou d'une exclusion totale ou partielle du revenu ; Les sous-alinéas (ii) et (iii) servent, dans une certaine mesure, de filet de sécurité au sous-alinéa (i) en englobant d'autres mécanismes ayant le même effet que le fait d'exempter ou d'exclure le revenu de l'impôt. Le sous-alinéa (ii) s'applique aux déductions de la base d'imposition qui sont calculées sur la base du montant du revenu sans tenir compte d'un éventuel paiement ou d'une obligation de paiement correspondants. Une déduction autorisée sur la base d'un paiement correspondant ou d'une obligation de paiement correspondant constituerait un coût économique pour le contribuable et ne serait donc pas considérée comme un ajustement préférentiel au titre du paragraphe 6. Le sous-alinéa (iii) s'applique dans les cas où, plutôt que de réduire le montant du revenu assujetti à l'impôt, le montant de l'impôt est réduit par un crédit calculé sur la base du montant du revenu ou de l'impôt sur ce revenu. Les modalités de fonctionnement de ces conditions sont détaillées ci-dessous (voir les sections 6.1 à 6.3).

86. La troisième composante impose, aux termes de la phrase qui figure à la fin de l'alinéa a) que la réduction permanente soit directement liée à l'élément de revenu visé ou s'opère en vertu d'un régime préférentiel.

87. Une réduction permanente est « directement liée » à un élément de revenu visé si elle résulte directement de la manière dont cet élément de revenu visé est catégorisé ou qualifié en vertu de la législation locale. Cette formulation englobe les traitements préférentiels locaux qui se rapportent à une catégorie de revenu spécifique (ou à des revenus faisant l'objet d'une qualification particulière) plutôt qu'au contribuable lui-même. Par exemple, un traitement préférentiel (une exclusion du revenu, par exemple) qui s'applique à toutes ou à certaines catégories de redevances, ou qui ne s'applique qu'aux revenus qualifiés de revenus étrangers, sera un traitement préférentiel qui est directement lié à un élément de revenu. Si cet élément de revenu entre également dans la définition d'un revenu visé, le traitement préférentiel est directement lié à un élément de revenu visé. Cette formulation n'englobe pas les réductions permanentes qui s'appliquent à l'ensemble des contribuables d'une catégorie donnée ou les traitements préférentiels qui se rapportent à un type de dépense spécifique. Dans ces cas, la réduction permanente n'est pas directement liée à la qualification du revenu tiré par le contribuable, mais plutôt au statut de ce dernier ou à la qualification d'investissement.

88. La réduction permanente peut s'appliquer à tout ou partie du revenu visé. Par exemple, si l'État de la résidence prévoit une exemption automatique égale à 80 % d'une certaine catégorie de revenu et

que tout ou partie de ce revenu entre dans la définition du revenu visé, cette exemption est directement liée à un élément de revenu visé au sens du paragraphe 6.

89. Pour établir l'éligibilité d'un élément de revenu particulier à une réduction permanente, il faut commencer par bien déterminer les règles applicables du droit interne de l'État contractant. Par exemple, un revenu généré par un instrument financier hybride peut être qualifié d'intérêt déductible dans l'État de la source, mais de dividende (exempté d'impôt) dans l'État de la résidence. Dans ce cas, l'exemption est directement liée à la qualification du paiement et relève du champ d'application du paragraphe 6. Toutefois, si la législation de l'État de la résidence comprend des dispositions conformes à la Recommandation 2 du Rapport final sur l'Action 2 du Projet BEPS[4] (qui recommande aux juridictions d'exclure les dividendes déductibles du champ d'application de leurs régimes d'exemption) et donc en vertu d'une application correcte de règle du droit interne de l'État de la résidence, le paiement n'est pas éligible à une quelconque exemption et les dispositions du paragraphe 6 ne s'appliquent pas.

90. Les régimes d'exemption des bénéfices de succursales étrangères (les législations nationales qui exemptent de l'impôt les bénéfices réalisés par des succursales étrangères) constituent un exemple de réduction permanente du montant du revenu visé assujetti à l'impôt. Dans le cadre de ces régimes, toutefois, la manière dont est considéré le revenu visé provenant de l'autre État contractant ne tient pas à sa qualification (de revenu étranger, par exemple). En effet, l'exemption découle de l'attribution du revenu à un établissement stable situé dans un État tiers. Cette attribution se fait sur la base d'une analyse fonctionnelle et factuelle et implique d'attribuer le revenu en fonction de sa provenance, y compris le revenu provenant de l'État de l'entreprise. La condition figurant au paragraphe 6 selon laquelle l'exemption doit être « directement liée à l'élément de revenu visé » n'est donc pas remplie, si bien que ces régimes ne constituent pas des « ajustements préférentiels » aux fins de la RAI. Ces régimes ne prévoient pas non plus de préférence fiscale pour les revenus d'activités géographiquement mobiles (voir ci-dessous). La même conclusion s'impose lorsque les bénéfices d'une succursale étrangère sont exemptés d'impôt dans l'État de l'entreprise parce que la convention fiscale conclue entre cet État et l'État où est situé l'établissement stable élimine la double imposition par la méthode de l'exemption.

91. Les avantages fiscaux généraux qui s'appliquent à l'ensemble des contribuables, concernant leur revenu net, ou aux contribuables qui peuvent bénéficier des avantages d'un régime spécifique ne sont pas considérés comme étant directement liés à un élément de revenu visé. Par exemple, un État peut accorder aux contribuables une exemption générale des X premiers euros du revenu net. Dans ce cas, l'exemption n'est pas directement liée à un élément de revenu visé, puisqu'elle s'applique au revenu net du contribuable indépendamment de sa qualification. La méthode qu'il convient d'appliquer, pour tenir compte des exemptions de cette nature, consiste à déterminer le taux nominal, comme l'illustrent les Commentaires sur le paragraphe 5 ci-dessus.

92. Une réduction permanente doit tout de même être prise en compte, au titre du paragraphe 6, si elle s'exerce en vertu d'un régime qui prévoit un traitement préférentiel pour les revenus générés par des activités géographiquement mobiles. Les régimes relevant du champ d'application du paragraphe 6 sont ceux qui sont définis comme des régimes préférentiels conformément aux conditions énoncées dans le Rapport final sur l'Action 5 du Projet BEPS[5] (Action 5 du BEPS) et dans le rapport de l'OCDE de 1998 sur

[4] OCDE (2015), Neutraliser les effets des dispositifs hybrides, Action 2 – Rapport final 2015, Projet OCDE/G20 sur l'érosion de la base d'imposition et le transfert de bénéfices, Éditions OCDE, Paris.

[5] OCDE (2015), Lutter plus efficacement contre les pratiques fiscales dommageables, en prenant en compte la transparence et la substance, Action 5 – Rapport final 2015, Projet OCDE/G20 sur l'érosion de la base d'imposition et le transfert de bénéfices, Éditions OCDE, Paris.

la concurrence fiscale dommageable[6]. Les régimes de ce type doivent présenter deux caractéristiques essentielles :

a) D'abord, ils doivent accorder une certaine forme de traitement préférentiel par rapport aux principes généraux de la fiscalité de l'État dont est un résident la personne qui tire le revenu. Ce traitement préférentiel peut prendre de nombreuses formes, par exemple une réduction du taux ou de la base d'imposition, ou encore des conditions préférentielles de paiement ou de remboursement des impôts. Même un avantage mineur suffit pour qu'un régime soit considéré comme préférentiel. Le facteur déterminant est que le régime doit être préférentiel par rapport aux principes généraux de la fiscalité de l'État concerné et non par rapport aux principes appliqués dans d'autres États.

b) Ensuite, les régimes doivent s'appliquer aux revenus générés par des activités géographiquement mobiles telles que les activités financières et les autres prestations de services, y compris la fourniture de droits de propriété intellectuelle. Les régimes conçus pour attirer les investissements dans des usines, bâtiments et biens d'équipement ne rentreront fort probablement pas dans ce cadre, car ils ne s'appliquent généralement pas aux revenus provenant d'activités géographiquement mobiles.

93. L'expression « régime qui prévoit un avantage fiscal en faveur d'un revenu tiré d'activités géographiquement mobiles » tire sa signification du Rapport de 1998 et du Rapport sur l'Action 5 du BEPS. Elle désigne tout régime qui accorde spécifiquement un traitement fiscal préférentiel aux activités de banque, d'assurance, de distribution et aux autres activités de services réalisées pour des membres d'un même groupe, ou aux activités de gestion de fonds et à la fourniture de droits de propriété intellectuelle, entre autres. Si le traitement préférentiel n'est accordé qu'à l'égard d'activités non mobiles (telles que les activités de fabrication), il ne doit pas être considéré comme relevant de la définition énoncée au paragraphe 6.

94. Par exemple, un État peut accorder des traitements fiscaux préférentiels aux entreprises établies dans des zones économiques spécifiques. Ceux-ci peuvent être liés à leurs activités non géographiquement mobiles (activités de fabrication, par exemple) et s'appliquer indépendamment des types de revenus que peuvent percevoir ces entreprises (revenus de source nationale et étrangère, ventes de biens et autres types de revenus ne comprenant pas du revenu visé). Ce type de régime fiscal ne constitue pas un régime préférentiel au sens du paragraphe 6 puisque, bien qu'il y ait un traitement fiscal préférentiel par rapport aux règles généralement applicables dans l'État, celui-ci n'est pas accordé à l'égard d'activités géographiquement mobiles. Le traitement préférentiel accordé aux entreprises établies dans la zone économique pourrait toutefois s'appliquer à un éventail plus large de secteurs ou d'activités, ou à certaines catégories de revenus mobiles perçus par le contribuable, par exemple les produits d'intérêts ou les revenus provenant de l'exploitation de droits de propriété intellectuelle. Ce type de régime pourrait être considéré comme accordant un traitement fiscal préférentiel aux revenus tirés d'activités géographiquement mobiles, de sorte que l'effet de ce traitement préférentiel pourrait devoir être pris en compte pour déterminer le taux d'imposition au titre des paragraphes 5 et 6.

6.1. Sous-alinéa (i) de l'alinéa a) – Exemption ou exclusion du revenu

95. Le sous-alinéa (i) de l'alinéa a) s'applique dans les cas où le revenu est totalement ou partiellement exempté ou exclu de l'impôt dans l'État dont est un résident la personne qui tire le revenu. Ce sous-alinéa vise à couvrir les cas dans lesquels le revenu est d'abord inclus dans le revenu aux fins de l'imposition, mais devient ensuite éligible à une exemption ou à une exclusion totale ou partielle. L'exemption ou l'exclusion doit toutefois soit être directement liée à la qualification du revenu (revenu de source étrangère,

[6] OCDE (1998), Concurrence fiscale dommageable : Un problème mondial, Éditions OCDE, Paris, http://dx.doi.org/10.1787/9789264262942-fr.

par exemple), soit s'opérer parce que le contribuable peut en bénéficier en vertu d'un régime préférentiel. Comme indiqué ci-dessus, le sous-alinéa (i) peut s'appliquer, par exemple, aux intérêts versés au titre d'un instrument financier hybride exonéré ou exclu de l'impôt de façon permanente dans l'État de la résidence. Il s'agit bien, dans ce cas, d'une exemption totale en vertu de la législation de l'État de la résidence relevant du champ d'application du sous-alinéa i) , et cette exemption est directement liée à la qualification du paiement. De même, une exclusion ou une exemption applicable uniquement aux revenus étrangers sera considérée comme étant directement liée à la qualification du paiement et comme relevant du champ d'application du sous-alinéa (i). En revanche, le sous-alinéa (i) ne s'appliquera pas aux cas dans lesquels un contribuable résident peut bénéficier d'une exclusion générale à raison d'un certain pourcentage de son revenu net, à moins que celle-ci ne s'exerce en vertu d'un régime préférentiel.

6.2. Sous-alinéa (ii) de l'alinéa a) – Déduction de la base d'imposition calculée sur la base du montant du revenu sans tenir compte d'un éventuel paiement correspondant ou d'une obligation de paiement correspondant.

96. Le sous-alinéa (ii) s'applique dans les cas où la réduction permanente est accordée sous la forme d'une déduction de la base d'imposition calculée sur la base du montant du revenu et sans tenir compte d'une éventuelle dépense économique correspondante. Le sous-alinéa (ii) ne s'applique pas aux déductions de la base d'imposition qui ne sont pas calculées sur la base du montant du revenu. Il ne s'applique donc pas aux déductions calculées sur la base de dépenses réelles surévaluées (par exemple, déduction de plus de 100 % des dépenses réelles engagées par le contribuable) ou sur la base d'une constatation accélérée des dépenses (par exemple, amortissement accéléré). En outre, le sous-alinéa (ii) ne s'applique pas aux déductions de dépenses notionnelles, telles que les déductions d'intérêts notionnels, car elles ne sont pas calculées sur la base du montant du revenu imposable.

97. Comme pour le sous-alinéa (i), la réduction doit être soit directement liée à la qualification du revenu ou s'opérer parce que le contribuable peut en bénéficier en vertu d'un régime préférentiel. Le sous-alinéa (ii) peut s'appliquer dans les cas, par exemple, où un élément de revenu visé peut bénéficier d'un régime applicable aux brevets au titre duquel une déduction notionnelle est calculée en pourcentage du revenu net imposable. Bien que cette réduction permanente puisse ne pas être directement liée à la qualification du revenu visé (parce que, le plus souvent, elle peut être accordée à l'égard de tous types de revenus, y compris ceux tirés de la vente de produits), elle intervient bel et bien en vertu d'un régime préférentiel et est calculée sur la base du montant du revenu sans tenir compte d'un coût économique pour le contribuable.

6.3. Sous-alinéa (iii) de l'alinéa a) – Crédit d'impôt

98. Le sous-alinéa (iii) s'applique aux crédits d'impôt ou aux réductions du montant de l'impôt qui sont directement liés à un élément de revenu visé ou peuvent être accordés en vertu d'un régime préférentiel, à moins qu'il ne s'agisse d'un crédit d'impôt étranger direct au titre de l'impôt acquitté ou considéré comme payé sur la base d'une convention fiscale bilatérale ou d'un accord similaire, dans l'État de la source ou dans un État tiers. Un crédit d'impôt étranger direct est un crédit au titre d'impôts étrangers directement appliqués sur l'élément de revenu, par opposition à un crédit d'impôt étranger indirect qui a vocation à éliminer la double imposition économique plutôt que juridique en accordant un crédit pour les impôts payés sur le revenu sous-jacent. Par exemple, si un crédit d'impôt n'est accordé qu'à l'égard d'une certaine catégorie de revenu, il est directement lié au revenu. Le crédit d'impôt figure dans une catégorie distincte, car le montant de l'impôt à acquitter au titre du revenu visé produit un effet comparable à celui des réductions permanentes visées aux sous-alinéas (i) ou (ii), mais contrairement à ces mécanismes, il est sans incidence sur la base d'imposition.

99. Les crédits d'impôt calculés par référence aux investissements ou aux dépenses ne sont pas directement liés au revenu visé s'ils sont accordés indépendamment du revenu du contribuable. Par

exemple, les crédits d'impôt fondés sur des dépenses, tels que les crédits d'impôt relatifs à la recherche et au développement, sont accordés au titre de dépenses engagées par le contribuable, que ce dernier tire ou non un revenu quelconque. Dans ces cas, le crédit d'impôt est directement lié à l'investissement ; il ne dépend pas du revenu proprement dit et ne peut être attribué à celui-ci.

6.4. Effets du paragraphe 6

100. Les paragraphes 5 et 6 pris conjointement prévoient des règles de calcul pour déterminer le taux d'imposition applicable au revenu visé lorsque ce dernier bénéficie d'un ajustement préférentiel. Dans ces cas, le taux applicable est déterminé après la prise en compte de l'effet de cet ajustement préférentiel.

101. Par exemple, un État peut prévoir un taux réduit ou une réduction permanente au titre d'un régime préférentiel applicable au revenu tiré de la propriété intellectuelle. L'identification des revenus tirés de la propriété intellectuelle pouvant bénéficier d'un tel régime repose sur la législation fiscale de l'État concerné et peut comprendre tous types de recettes (par exemple, ventes de produits, prestations de services, redevances, etc.) En pareil cas, la réduction permanente n'est pas directement liée à un élément de revenu visé payé au bénéficiaire, mais à une partie du revenu utilisé pour calculer la base d'imposition au titre du régime préférentiel. Le taux d'imposition de cet élément de revenu visé doit donc être ajusté selon les dispositions du paragraphe 6 pour tenir compte de toute réduction permanente prévue par ce régime préférentiel. Ce taux ajusté est ensuite retenu pour l'application des paragraphes 1 et 2 à cet élément de revenu visé.

102. Par exemple, RCo est une société qui est un résident de l'État R, où le taux nominal de l'impôt est de 20 %. RCo perçoit un élément de revenu visé de 100 qui fait l'objet d'un régime préférentiel prévoyant une exemption de 80 % des revenus admis à en bénéficier. Le taux nominal ajusté est déterminé en multipliant le taux nominal par la part du revenu assujetti à l'impôt. Dans cet exemple, le taux d'imposition est de 20 % x (100 % - 80 %) = 4 %. Le même calcul est effectué si, au lieu d'une exemption de 80 % du revenu, les contribuables sont autorisés à demander une déduction fiscale égale à 80 % du revenu.

103. En revanche, si le même ajustement préférentiel est accordé non pas sous la forme d'une exemption ou d'une déduction, mais d'un crédit d'impôt de 80 % de l'impôt dû (16 dans cet exemple), le taux d'imposition est ajusté et le résultat obtenu est identique. Dans ce cas, le calcul peut être effectué en déterminant d'abord le montant de l'impôt (en multipliant le taux nominal par le montant du revenu, puis en soustrayant à ce produit le montant du crédit d'impôt), puis en divisant celui-ci par le montant du revenu. Dans cet exemple, le taux d'imposition est de [(20 % x 100)-16]/100 = 4 %.

104. Lorsque plusieurs ajustements préférentiels coexistent, ils doivent tous être pris en compte dans le calcul du taux d'imposition.

105. Aux fins du paragraphe 6, il n'est pas tenu compte d'une quelconque obligation d'accorder une exemption ou un crédit d'impôt incombant à État de résidence de la personne qui tire le revenu visé en vertu de l'article 23A ou 23B du Modèle de convention fiscale de l'OCDE. Ce système permet d'éviter que la RAI n'entraîne une réattribution des droits d'imposition allant au-delà de l'autorisation donnée à l'État d'où provient le revenu visé d'imposer le montant brut de ce revenu à hauteur du taux déterminé. À défaut, une réattribution involontaire des droits d'imposition pourrait se produire dans les cas où, par exemple, le seul motif autorisant l'État d'où provient le revenu à lever l'impôt conformément à la Convention réside dans l'application de la RAI et, ainsi, l'État de résidence (qui, sans cela, imposerait le revenu, mais à un taux inférieur au minimum convenu) serait obligé d'exempter le revenu en totalité.

7. Revenu visé attribuable à un établissement stable situé dans une juridiction tierce

106. Le paragraphe 7 examine la situation dans laquelle un revenu provenant d'un État contractant et tiré par une entreprise de l'autre État contractant est attribuable à un établissement stable situé dans une juridiction tierce. Prenons l'exemple de la société RCo (un résident dans l'État R), qui a un établissement stable situé dans l'État P, par le biais duquel elle accorde un prêt à SCo (un résident de l'État S). La convention fiscale entre les États R et S n'autorise pas l'imposition à la source des intérêts et contient une RAI avec un taux minimum de 9 %. Les intérêts tirés par RCo en contrepartie de l'octroi du prêt sont exonérés d'impôt dans l'État R, mais imposés dans l'État P au taux nominal de 25 % (sans faire l'objet d'ajustements préférentiels) parce qu'ils sont attribuables à l'établissement stable situé dans l'État P. Aux fins de l'application des paragraphes 1 et 2, cette disposition prend en compte le taux d'imposition applicable (tel que défini par les paragraphes 5 et 6) dans le troisième État où se situe l'établissement stable, afin d'éviter une surimposition du revenu visé dès lors que ce taux est supérieur à celui applicable dans l'État de résidence.

107. Deux conditions doivent être réunies pour appliquer le paragraphe 7. La première condition, énoncée à l'alinéa a), est que le taux d'imposition applicable au revenu visé dans l'État de la résidence doit être inférieur au taux minimum. Cela évite la contrainte inutile d'avoir à déterminer le taux d'imposition applicable au revenu visé d'un établissement stable dans une troisième juridiction, dès lors que le taux d'imposition applicable dans l'État de la résidence est déjà supérieur au taux minimum.

108. Le taux d'imposition applicable au revenu visé dans l'État de la résidence décrit à l'alinéa a) est celui déterminé conformément aux paragraphes 5 et 6 de la RAI. Les éventuels crédits d'impôt étranger accordés dans l'État de résidence au titre de l'impôt supporté par l'établissement stable situé dans la troisième juridiction n'ont pas d'effet sur le taux d'impôt applicable dans l'État de résidence parce que le sous-alinéa (iii) de l'alinéa a) du paragraphe 6 exclut explicitement l'incidence de tout crédit au titre d'impôts étrangers acquittés sur ce revenu (« (...) *hormis un crédit pour les impôts étrangers acquittés sur le revenu, qui est calculé sur la base du montant du revenu ou de l'impôt sur ce revenu* »).

109. La seconde condition, inscrite à l'alinéa b), est que l'État de résidence et la troisième juridiction doivent tous deux considérer que le revenu visé est attribuable à un établissement stable situé dans la juridiction tierce. Cette exigence est satisfaite dès lors que l'État de résidence comme la juridiction tierce traitent le revenu comme étant attribuable à l'établissement stable conformément à leur droit interne ou à leur convention fiscale applicable. De plus, la juridiction de résidence n'est pas tenue de disposer de règles spécifiques sur les modalités d'attribution d'un revenu à un établissement stable situé dans une autre juridiction, dès lors que la législation de cet État reconnaît implicitement l'existence d'un établissement stable dans la juridiction tierce. À titre d'exemple, si le droit interne de l'État de résidence octroie un crédit d'impôt étranger au titre des impôts acquittés par un établissement stable situé dans une autre juridiction, alors il est admis que ce revenu est attribuable audit établissement stable parce que l'État de résidence octroie un crédit au titre des impôts acquittés en lien avec ce revenu.

110. Si les deux conditions énoncées aux alinéas a) et b) sont réunies, alors le taux d'imposition applicable visé au paragraphe 5 est le seul applicable dans la juridiction tierce au revenu visé attribuable à cet établissement stable, dès lors que ce taux est supérieur au taux d'imposition applicable dans l'État de résidence. Si les taux d'imposition applicables dans l'État de résidence comme dans la juridiction tierce (tels que déterminés par les paragraphes 5 et 6) sont tous deux inférieurs au taux minimum, alors c'est le taux le plus élevé qui doit s'appliquer. Si le taux d'imposition est identique dans l'État de résidence et dans la juridiction tierce, alors le taux d'imposition de l'État de résidence reste applicable. Aux fins de déterminer le taux d'imposition applicable dans la juridiction tierce, l'alinéa a) des paragraphes 5) et 6) s'applique comme si la référence à la personne qui tire le revenu et son État de résidence visait en fait l'établissement stable et la juridiction dans laquelle il est situé. Cela permet de s'assurer que ces dispositions fonctionnent

ensuite, aux fins de l'application du paragraphe 7 pour déterminer le taux d'imposition applicable à l'établissement stable situé dans la juridiction tierce, ce qui est l'objectif visé.

111. Lorsqu'elles vérifient la bonne application de ce paragraphe, les administrations fiscales (et en particulier, celle de l'État de la source) doivent avoir connaissance du taux d'imposition applicable (ajustements préférentiels y compris) dans la juridiction où l'établissement stable est situé. Dans ce cas, les administrations fiscales peuvent recourir aux instruments d'échange de renseignements existants en vigueur qui ont été ratifiés par la juridiction où l'établissement stable est situé (par exemple, si elle est partie à la Convention concernant l'assistance administrative mutuelle en matière fiscale ou si elle a conclu une convention fiscale bilatérale incluant l'article 26 avec l'État contractant de l'administration fiscale considérée). Dans tous les cas, l'État de la source est habilité à demander une vérification (comme, par exemple, un document certifiant le taux d'imposition applicable à l'établissement stable, émanant de l'administration fiscale de la juridiction dans laquelle celui-ci est situé) avant d'appliquer le paragraphe 7.

112. Le paragraphe 8 de l'article 29 traite des abus potentiels susceptibles de résulter du transfert d'actions, de créances, de droits ou de biens vers un établissement stable situé dans une juridiction tierce, dont le revenu est exonéré d'impôt dans l'État de résidence (où se situe le siège). Si l'application des dispositions est déclenchée, l'État de la source peut refuser l'octroi des avantages d'une convention au titre de ces revenus. La RAI ne s'applique que si le contribuable bénéficie des avantages de la convention. Par conséquent, si le paragraphe 8 de l'article 29 s'applique de sorte qu'aucun des avantages conférés par une convention ne soit disponible, la RAI ne s'applique pas et le paragraphe 7 des dispositions de la RAI est sans objet.

8. Exclusions

113. Le paragraphe 8 prévoit que les paragraphes 1 à 7 ne s'appliquent pas au revenu visé payé par une personne physique ou tiré par les personnes énumérées aux alinéas a) à i).

114. L'expression « payé par une personne physique », prise conjointement avec l'exclusion figurant à l'alinéa a) du paragraphe 8, empêche la RAI de s'appliquer aux paiements effectués par ou à des personnes physiques. L'alinéa b) exclut du champ d'application de la RAI le revenu visé perçu par une personne non liée au payeur. Le paragraphe 10 donne la définition d'une personne liée aux fins de l'alinéa b). Les exclusions au titre de paiements effectués par ou à des personnes physiques, ou à des personnes non liées, pourraient, à terme, être intégrées au paragraphe 1.

115. Les alinéas c) à h) du paragraphe 8 précisent les personnes exclues de l'application de la RAI. Elles ont toutes une finalité et un statut spécifiques en vertu de la législation de l'État dans lequel elles sont créées ou établies. Il est probable qu'en raison de ce statut, la personne soit exonérée de l'impôt interne sur le revenu afin de pouvoir mener à bien sa mission conformément à la législation de l' État concerné. Les résultats fiscaux internes peuvent être conçus, par exemple, de sorte à n'appliquer qu'une seule strate d'imposition aux véhicules utilisés par les investisseurs (fonds, par exemple) ou aux plans de retraite des salariés, ou parce que la personne exerce des fonctions gouvernementales ou quasi-gouvernementales. Les objectifs de politique fiscale de cette exemption de l'impôt en vertu du droit interne accordée à ce type de personnes ne sont pas en contradiction avec ceux de la RAI. Le fait d'assujettir les revenus de ces personnes à la RAI compromettrait la réalisation des objectifs que l'État cherche à atteindre en accordant une exemption, sans pour autant servir les objectifs de la RAI.

116. L'alinéa c) traite des fonds de pension reconnus, définis à l'article 3(1)(i) du Modèle de convention fiscale de l'OCDE par la formule suivante :

> *i) l'expression « fonds de pension reconnu » d'un État désigne une entité ou un dispositif établi dans cet État qui est considéré comme une personne distincte au regard de la législation fiscale de cet État et :*

(i) qui est établi et géré exclusivement ou presque exclusivement dans le but d'administrer ou de verser des prestations de retraite et des prestations annexes ou accessoires à des personnes physiques et qui est réglementé en tant que tel par cet État ou une de ses subdivisions politiques ou collectivités locales ; ou

(ii) qui est établi et géré exclusivement ou presque exclusivement dans le but de placer des fonds pour le compte d'entités ou de dispositifs désignés au sous-alinéa (i).

Les paragraphes 10.5 à 10.8 des Commentaires sur le paragraphe 1 de l'article 3 traitent de l'application de cette définition et des modifications que les États sont susceptibles de vouloir apporter à celle-ci ou à d'autres dispositions des conventions fiscales qu'ils ont conclues, ainsi que de leur législation nationale, concernant les dispositifs qui peuvent ne pas constituer une personne distincte au regard de la législation fiscale de l'État où ils sont établis. Ils sont également applicables dans le cas de l'exclusion prévue à l'alinéa c) et, lorsque de telles modifications sont apportées, elles permettront d'adapter la définition d'un « fonds de pension reconnu » aux fins de l'exclusion.

117. L'alinéa d) traite des organisations à but non lucratif et se fonde sur le point B du sous-alinéa (iv) de la disposition relative aux régimes fiscaux spéciaux qui figure au paragraphe 86 des Commentaires sur l'article 1. Celui-ci a toutefois été modifié pour inclure les références aux organisations « à but non lucratif », « sportives » et « à des fins similaires ». Cette énumération, non exhaustive, est donnée à titre d'illustration : les derniers mots de l'alinéa d) étendent l'exclusion aux organisations à but non lucratif établies à d'autres fins cadrant avec les exemples repris dans la disposition. Il peut s'agir de fins qui coïncident avec une ou plusieurs de celles mentionnées à l'alinéa d), mais qui n'entrent pas clairement dans une ou plusieurs de ces catégories, par exemple des fins environnementales, humanitaires ou relatives au bien-être animal. Les « fins similaires » comprennent généralement celles qui poursuivent un objectif d'intérêt général, c'est-à-dire qui ont trait aux besoins, aux intérêts et au bien-être de la population.

118. Pour être considérée comme une « organisation à but non lucratif », une organisation doit remplir plusieurs critères. Il faut entendre par là que l'organisation doit être gérée et exploitée exclusivement à l'une ou à plusieurs des fins énoncées à l'alinéa d). Une organisation n'est pas exploitée exclusivement à l'une ou à plusieurs de ces fins si ses bénéfices nets profitent, en tout ou en partie, à des actionnaires privés ou à des personnes physiques. Cette restriction n'englobe pas le versement d'une indemnisation raisonnable en contrepartie de services ou le paiement à la juste valeur marchande pour des achats ou des locations. En outre, une organisation n'est gérée exclusivement à l'une ou à plusieurs des fins visées par l'exemption que si ses actifs sont consacrés exclusivement aux fins énoncées à l'alinéa d) ; c'est par exemple le cas si, en cas de dissolution, ses actifs sont distribués à d'autres organisations à but non lucratif poursuivant ce type de finalités.

119. Une organisation à but non lucratif peut réaliser des activités commerciales sans rapport avec les fins qu'elle poursuit pour autant que le revenu généré par ces activités n'est pas imposé à un taux inférieur à 9 %.

120. Les sous-alinéas (i) et (ii) de l'alinéa e) traitent des États contractants, de leurs subdivisions politiques ou de leurs collectivités locales, ainsi que de la banque centrale. Le sous-alinéa (iii) étend l'exclusion aux agences, mandataires ou organismes publics faisant partie d'un État contractant, de l'une de ses subdivisions politiques ou collectivités locales, ou à une entité ou un dispositif établi ou créé par un État contractant une subdivision politique ou une collectivité locale. Le sous-alinéa (iv) traite de toute autre personne qui est détenue en totalité ou en quasi-totalité, directement ou indirectement, par un État contractant, ses subdivisions politiques ou collectivités locales, ou ces agences, mandataires ou organismes publics. Les sous-alinéas (iii) et (iv) sont soumis à la condition que ces entités ou organisations aient pour objet principal d'exercer une fonction publique, et qu'elles n'exploitent pas une entreprise ou un commerce. Du fait de leur nature, il est sous-entendu que les entités et organisations visées aux sous-alinéas (i) et (ii) exercent également une fonction publique.

121. Le sous-alinéa (iii) de l'alinéa e) inclut les agences, mandataires ou organismes publics d'un État contractant, d'une de ses subdivisions politiques ou collectivités locales, ou créés ou établis par ceux-ci. Les agences, mandataires ou organismes publics « d'un » État contractant, ou sont « établis ou créés par » un État contractant s'ils sont de droit public.

122. Le sous-alinéa (iv) étend l'alinéa e) à d'autres personnes, éventuellement de droit privé, à condition qu'elles soient détenues, en totalité ou en majorité (directement ou indirectement), par un État contractant, une de ses subdivisions politiques ou collectivités locales, ou ces agences, mandataires ou organismes publics. L'emploi du terme « publique » cherche à référer à l'administration centrale ainsi que les organes dont l'action est placée sous le contrôle effectif des pouvoirs centraux, régionaux et locaux.

123. L'expression « fonction publique », applicable aux personnes visées aux sous-alinéas (iii) et (iv) de l'alinéa e), doit s'entendre au sens large qu'elle peut avoir au titre de la convention fiscale applicable. Elle englobe généralement, mais pas toujours, des activités telles que les services publics de soins de santé, les pensions publiques et l'enseignement public, ainsi qu'une assurance professionnelle publique obligatoire contre les accidents du travail et les maladies professionnelles ou le chômage. Elle englobe également l'aménagement d'infrastructures publiques ou les capacités de défense et le maintien de l'ordre au sein de l'État .

124. En outre, les personnes visées aux sous-alinéas (iii) et (iv) ne peuvent pas exploiter une entreprise ou un commerce. Cette condition permet de distinguer les entreprises commerciales détenues par un État contractant, l'un ou l'une de ses subdivisions politiques, collectivités locales, agences, organismes publics ou mandataires, des entités dont les activités ont pour objet principal de remplir une fonction publique. Par exemple, si un État contractant détient en totalité une entité qui satisfait à toutes les autres conditions de la définition et qui ne fournit que des produits ou des services destinés à être utilisés par cette administration pour remplir une fonction publique, alors les activités de l'entité sont assimilées à une fonction publique plutôt qu'à des activités économiques ou commerciales. À l'inverse, une banque commerciale détenue par une administration n'a pas pour objet principal de remplir une fonction publique et sera donc considérée comme engagée dans des activités économiques ou commerciales.

125. L'alinéa f) traite des organisations internationales. Il est attendu que ces organisations soient exclues du champ d'application de la convention et de la RAI, puisqu'elles ne sont pas assujetties à l'impôt et ne sauraient être considérées, par principe, comme résidant dans l'un ou l'autre des États contractants. Cependant, pour plus de certitude, l'alinéa f) les exclut de l'application de la RAI si elles sont des personnes visées au sens de l'article 1 du Modèle de Convention fiscale de l'OCDE. Les États contractants qui ne considèrent pas les organisations internationales comme des résidents aux fins de la Convention peuvent décider d'exclure cette catégorie.

126. L'alinéa g) porte sur les fonds d'investissement. La définition est influencée par les caractéristiques d'un organisme de placement collectif telles que décrites dans les Commentaires sur l'article 1 du Modèle de convention fiscale de l'OCDE, notamment le fait que l'entité ou le dispositif, ou ses gestionnaires, doivent être réglementés, mais elle cherche également à tenir compte des différents types d'instruments de placement que l'on trouve dans les États contractants. Cette approche est donc plus large que celle présentée dans les Commentaires sur l'article 1, qui ne vise que les règles de protection des investisseurs.

127. L'alinéa g) mentionne, dans sa première phrase, « une entité ou un dispositif à gestion professionnelle ». Cette expression signifie que le fonds doit être géré par des gestionnaires de fonds professionnels pour le compte d'investisseurs.

128. L'expression « entité ou dispositif » est tirée du paragraphe 2 de l'article 1 du Modèle de convention fiscale de l'OCDE et s'applique donc, quelle que soit la structure du fonds d'investissement et qu'il soit ou non doté de la personnalité juridique. Toutefois, l'alinéa g) ne s'applique que dans les cas où l'entité ou le dispositif peut bénéficier des avantages conférés par la convention parce qu'il ou elle est

considéré(e) comme une « personne » qui est un « résident » de l'un des États contractants, ou parce que ces derniers sont convenus que ces instruments peuvent bénéficier des avantages découlant de la convention. Les principes énoncés au paragraphe 2 de l'article 1 du Modèle de convention fiscale de l'OCDE s'appliquent aux fins de la RAI. Par conséquent, si le fonds d'investissement est fiscalement transparent et que ses investisseurs sont les personnes qui peuvent bénéficier des avantages conférés par la convention, l'alinéa g) ne s'applique pas, car l'exclusion ne concerne que les cas où le fonds d'investissement lui-même peut bénéficier de ces avantages et relève donc du champ d'application de la RAI. Or, dans ce cas, la RAI ne s'appliquerait pas au fonds d'investissement, mais aux investisseurs fondés à bénéficier des avantages conférés par la convention ; ce sont donc eux qui relèvent du champ d'application de la règle. C'est notamment le cas, par exemple, lorsqu'il s'agit de déterminer si les investisseurs sont liés au payeur.

129. L'alinéa g) prévoit que l'entité ou le dispositif doit être « conçu pour investir des fonds ». Cette condition impose que les investissements soient réalisés conformément à une politique d'investissement prédéfinie, car une entité ou un dispositif « conçu pour investir des fonds » doit être régi par une politique d'investissement prédéfinie.

130. L'alinéa g) dispose aussi que l'entité ou le dispositif doivent être conçus pour investir des fonds « obtenus auprès de personnes non liées) ». Le paragraphe 10 de la disposition prévoit une définition de l'expression « personnes liées ». Une entité ou un dispositif conçu pour investir des fonds obtenus auprès d'investisseurs non liés satisfera à la description de l'alinéa g) même si, une fois ouvert aux investisseurs, l'entité ou le dispositif possède de manière fortuite des investisseurs liés. L'entité ou le dispositif répondra à la description de l'alinéa g) à condition que l'entité ou le dispositif n'ait pas été conçu dans le but d'investir des fonds de « personnes liées ». Cela inclut le début et la fin du cycle de vie de l'entité ou du dispositif, lorsqu'il n'y a qu'un seul investisseur ou un petit nombre d'investisseurs liés.

131. Le fait que l'entité ou le dispositif soit conçu pour investir des fonds obtenus auprès de personnes non liées peut être démontré par la documentation que l'entité ou le dispositif est tenu de préparer à des fins réglementaires ou à d'autres fins. Par exemple, la politique d'investissement ou les documents constitutifs de l'entité ou du dispositif, les informations préparées pour satisfaire aux exigences réglementaires (y compris en ce qui concerne le traitement équitable des investisseurs), les documents de commercialisation ou d'autres informations mises à la disposition des investisseurs peuvent indiquer si l'entité ou le dispositif est conçu pour investir des fonds obtenus auprès d'investisseurs non liés ou s'il est conçu pour investir des fonds pour le compte d'un éventail plus large d'investisseurs. Les informations disponibles les plus récentes doivent être utilisées pour déterminer s'il y a eu un changement dans la finalité de l'entité ou du dispositif.

132. Un « dispositif » à cette fin inclurait toutes les entités liées par l'intermédiaire desquelles l'activité d'investissement concernée est organisée. La forme juridique particulière adoptée n'affecterait pas l'application de l'alinéa g). Par exemple, une entité peut collecter des fonds auprès du public et les investir par l'intermédiaire de filiales ou de sociétés sœurs, chacune d'entre elles détenant une catégorie d'actifs particulière.

133. L'alinéa g) prévoit que les fonds investis doivent l'être « dans le but principal de générer un revenu financier ou de se protéger contre un événement ». L'expression « se protéger contre un événement » englobe les cas dans lesquels une société d'assurance investit les primes versées par ses assurés pour couvrir des dommages futurs. L'alinéa g) prévoit par ailleurs que le revenu généré ou la protection contre un événement doit être « au profit de ses investisseurs ». Cette condition impose que l'investisseur ait droit à un rendement au prorata de sa participation. Dans le cas d'une société d'assurance qui investit les primes versées par ses assurés, l'investisseur peut être soit la société d'assurance, soit l'assuré, en fonction de la structure du placement.

134. L'alinéa g) prévoit que le fonds d'investissement ou ses gestionnaires soient soumis à une réglementation. Cette condition impose que le fonds ou son gestionnaire soit soumis aux dispositions

réglementaires en vigueur dans l'État où il est établi ou géré (telles que la législation régissant la lutte contre le blanchiment de capitaux et la protection des investisseurs). Elle vise à englober les différentes approches adoptées par les fonds d'investissement en matière de réglementation prudentielle. S'agissant d'un fonds d'investissement établi ou créé par un État contractant, ses subdivisions politiques ou collectivités locales, agences, mandataires ou organismes publics (mais qui ne satisfait pas aux conditions énoncées à l'alinéa e)), la réglementation peut adopter toute forme approuvée par la personne ayant établi ou créé le fonds d'investissement, par exemple des dispositions relatives à la reddition des comptes et à l'évaluation contenues dans la législation qui régit le fonds d'investissement.

135. Une société d'assurance est considérée comme satisfaisant aux conditions de l'alinéa g) pour autant que cette société d'assurance remplisse certaines conditions. La première de ces conditions est que la société d'assurance est soumise à une réglementation à ce titre dans l'État contractant dont elle est un résident. La seconde condition est que le revenu visé perçu par cette société d'assurance doit découler d'actifs utilisés pour honorer les engagements pris envers les preneurs d'assurance. Inversement, la disposition n'exclut pas le revenu visé perçu par une société d'assurance lorsque ce revenu ne sert pas à honorer les engagements pris envers les preneurs d'assurance et est tiré par cette société d'assurance pour son propre compte.

136. Cette disposition peut être également pertinente pour les sociétés d'assurance-vie qui créent un fonds dans le but de fournir des prestations de retraite à des particuliers, comme ses employés ou ceux d'autres employeurs, ou d'investir des fonds au profit d'autres fonds de pension reconnus (voir les paragraphes 10.5 à 10.10 du Commentaire sur l'article 3). Dans un tel cas, la société d'assurance-vie est similaire à un fonds de pension reconnu (voir l'alinéa c)), mais ne répond pas à cette définition puisque ce fonds ne constitue pas une « personne » distincte et ne peut donc pas satisfaire à la condition incluse dans le libellé introductif du paragraphe 8 qui exige que le revenu visé soit « tiré par un résident de l'autre État contractant ». En outre, même si le fonds constituait une personne distincte, ses engagements pourraient comprendre d'autres types de rentes qui vont au-delà du versement de prestations à des fonds de pension.

137. La disposition peut également être pertinente pour une société d'assurance qui ne remplirait pas les conditions générales de l'alinéa g) parce qu'elle mène des activités autres que celle d'investir des fonds obtenus auprès de personnes non liées dans le but principal de générer un revenu financier ou de se protéger contre un événement, ou du fait qu'elle mène une combinaison d'activités mentionnées à l'alinéa g). La présomption figurant à la fin de l'alinéa g) garantit que les revenus visés tirés par les sociétés d'assurance admissibles d'actifs détenus dans le but d'honorer les engagements envers les preneurs d'assurance sont exclus du champ d'application de la RAI.

138. L'alinéa h) est fondé sur le point D) du sous-alinéa (iv) de la disposition relative au « régime fiscal spécial » figurant au paragraphe 86 des Commentaires sur l'article 1 du Modèle de convention fiscale de l'OCDE. L'une des conditions énoncées dans cet alinéa exige que l'imposition de l'entité ou du dispositif se traduise par un niveau d'imposition unique. Cette formulation vise à couvrir les véhicules fiscalement neutres qui sont conçus pour garantir que l'imposition se traduise par un niveau d'imposition unique à la charge du véhicule ou de ses détenteurs de titres. Ce pourrait être le cas d'une entité dont le revenu est exempté à condition qu'elle distribue son revenu dans un certain délai. La distribution est alors assujettie à l'impôt afin de parvenir à un niveau d'imposition unique.

139. Dans certaines situations, toutefois, les détenteurs de titres peuvent également être des véhicules fiscalement neutres, par exemple un fonds de pension reconnu. En pareil cas, l'imposition ne se traduirait pas, *stricto sensu*, par un niveau d'imposition unique dans un délai d'un an, car les distributions versées à ces investisseurs pourraient être exonérées. Les conditions énoncées à l'alinéa h) s'appliqueraient néanmoins, puisque le régime fiscal a été conçu pour parvenir à un niveau d'imposition unique.

140. Les sous-alinéas (i) et (ii) contiennent deux conditions alternatives. Le sous-alinéa (i) exige que l'entité ou le dispositif détienne principalement des biens immobiliers (suivant l'approche décrite au point

D) du sous-alinéa (iv)) de la disposition relative au « régime fiscal spécial ». Dans certains cas, ces biens ne sont pas détenus directement, mais indirectement par le biais d'un titre dont la valeur est liée à un bien immobilier. Une entité ou un dispositif qui détient principalement des biens immobiliers soit directement, soit indirectement par l'intermédiaire de tels titres (ou une combinaison des deux) remplira la condition énoncée au sous-alinéa (i).

141. Le sous-alinéa (ii) exige que l'entité ou le dispositif, ou ses investisseurs, soient soumis à un taux d'imposition d'au moins 9 % dans l'État de résidence de l'entité ou du dispositif. Lorsque l'imposition se fait au niveau des investisseurs, il s'agira vraisemblablement, mais pas nécessairement, par le biais d'une retenue à la source appliquée aux distributions de l'entité ou du dispositif. L'exception à cette exigence est le cas où un investisseur n'est pas soumis à un taux d'imposition d'au moins 9 % parce qu'il est un investisseur exclu décrit ailleurs au paragraphe 8.

142. Le taux d'imposition applicable aux fins du sous-alinéa (ii) est déterminé par le droit interne de l'État dont l'entité ou le dispositif est un résident. Le taux d'imposition ne comprend pas de réduction résultant d'une convention de double imposition entre l'État de résidence de l'entité ou du dispositif et celui de l'investisseur.

143. L'alinéa i) traite des entités ou des dispositifs utilisés par les personnes ou dispositifs visés aux alinéas c) à h) dans le but de détenir des actifs ou d'investir des fonds, ou de poursuivre des activités qui sont accessoires à celles entreprises par une personne, une entité ou un dispositif mentionné au sous-alinéa c) à h). L'alinéa i) a vocation à s'appliquer aux entités ou dispositifs qui ne réalisent pas d'activités autres que la détention d'actifs ou le placement de fonds. Par exemple, il s'applique à un fonds souverain (pour autant que ce dernier ne corresponde pas à la définition donnée à l'alinéa e)).

144. Le sous-alinéa (ii) étend l'exclusion aux entités qui réalisent certaines activités pour le compte d'un État contractant (ainsi qu'aux autres entités et organisations visées à l'alinéa e)).

145. La première condition, pour l'application de cet alinéa, est que l'entité soit « détenue en totalité ou en quasi-totalité » par une ou plusieurs personnes visées aux alinéas c) à h). Cette expression doit être interprétée sur la base des faits et circonstances. Elle est toutefois censée englober les situations dans lesquelles au moins 95 % de l'entité ou du dispositif sont détenus par une des personnes mentionnées aux alinéas c) à h). L'expression « détenu en totalité » vise à englober les cas dans lesquels un gestionnaire de fonds détient une petite part d'un fonds d'investissement, ou dans lesquels la législation nationale impose un minimum de deux actionnaires pour constituer une entreprise en société.

146. Le point de savoir si une entité ou un dispositif est « détenu » par une des personnes mentionnées aux alinéas c) à h) dépend de la législation nationale. Toutefois, une entité n'est pas détenue par une de ces personnes dans le cas où elle distribue ses bénéfices à des entités non mentionnées aux alinéas c) à h) ou dans le cas où, en cas de dissolution, ses actifs nets seraient dévolus à une entité qui n'est pas une des personnes mentionnées aux alinéas c) à h).

147. Dans certaines situations, l'entité ou le dispositif peut ne pas être « détenu(e) en totalité ou en quasi-totalité » par une ou plusieurs des personnes énumérées aux alinéas c) à h), mais constitué(e) par une de ces personnes au profit d'une autre de ces personnes. Par exemple, une entité peut ne pas être détenue par un État contractant ou un fonds de pension, mais peut être constituée par un État contractant au profit d'un fonds de pension exclusivement ou presque exclusivement dans le but de verser et d'administrer des prestations de retraite. L'expression « ou constitué » permet de garantir que ces cas relèvent également du champ d'application du paragraphe 8.

148. Les termes « par une ou plusieurs des personnes mentionnées aux alinéas c) à h) » n'incluent que les personnes qui sont l'objet de ces dispositions. Elle n'englobe pas les autres personnes mentionnées dans ces alinéas. Par exemple, la personne mentionnée dans l'alinéa g) est l'entité ou le dispositif destinés à investir des fonds ; elle n'inclut pas les personnes non liées auprès desquelles l'entité ou le dispositif obtient les fonds.

149. Le sous-alinéa (i) de l'alinéa i) impose également que l'entité ou le dispositif soit « constitué et géré exclusivement ou presque exclusivement dans le but de détenir des actifs ou d'investir ou gérer des fonds ». Cette condition comporte un élément « création » et un élément « gestion ». Le premier exige que l'entité ou le dispositif soit créé(e) exclusivement ou presque exclusivement dans le but de détenir des actifs ou d'investir ou gérer des fonds, tandis que le second impose que l'entité ou le dispositif soit géré(e) de la même façon. L'expression « exclusivement ou presque exclusivement » signifie que la totalité ou la quasi-totalité des activités doit être liée à la détention d'actifs ou à la gestion ou au placement de fonds. Ce critère doit être interprété sur la base des faits et circonstances.

150. Le sous-alinéa (i) impose par ailleurs que les actifs soient détenus ou les fonds gérés ou investis « pour le compte d'une personne mentionnée aux alinéas c) à h) ». Cette condition doit être lue conjointement avec les autres conditions énoncées à l'alinéa i). Elle est encore remplie, par exemple, si le gestionnaire de fonds bénéficie des placements réalisés par cette entité au prorata du pourcentage de sa participation.

151. Le sous-alinéa (i) s'applique à un fonds souverain (pour autant que ce dernier ne corresponde pas à la définition donnée à l'alinéa e)). Les administrations ont généralement recours à des fonds souverains (y compris constitués en société) pour la détention et la gestion de leurs placements. Ces fonds sont généralement constitués à partir des excédents de la balance des paiements, des opérations sur devises, du produit de privatisations, d'excédents budgétaires ou de recettes tirées des exportations de produits de base[7]. La fonction d'un fonds souverain est d'investir ces montants dans le but de répondre aux besoins budgétaires futurs d'un pays, de stabiliser la balance des paiements d'un pays et de trouver un juste équilibre entre la consommation intérieure et l'épargne.

152. En outre, le sous-alinéa (i) inclut une entité ou un dispositif qui n'exerce que des activités annexes à celles exercées par une personne, une entité ou un dispositif mentionné aux alinéas c) à h). L'exclusion prévue à l'alinéa i) est étendue à ces entités comme elle l'aurait été si l'activité concernée avait été exercée par la personne, l'entité ou le dispositif mentionné aux alinéas c) à h). Cet élément de la sous-se i) s'appliquerait, par exemple, à une entité qui fournit des services de ressources humaines exclusivement à une personne, une entité ou un dispositif mentionné aux alinéas c) à h).

153. Le sous-alinéa (ii) s'applique à une entité qui est détenue en totalité ou en majorité, ou constituée, par une personne mentionnée à l'alinéa e) (cette condition s'applique à un État contractant, à ses subdivisions politiques ou collectivités locales, ou aux agences, mandataires ou organismes publics faisant partie de ou constitués et créés par cet État, ses subdivisions politiques ou collectivités locales, agences, mandataires ou organismes publics). L'entité doit être gérée exclusivement ou presque exclusivement dans le but d'exercer les activités mentionnées au sous-alinéa (i) ou de réaliser des activités de placement pour le compte de la personne mentionnée à l'alinéa e). Le sous-alinéa (ii) s'applique donc à une entité qui, par exemple, exercice des activités de conseil en placement pour un fonds souverain.

9. Seuil de marge bénéficiaire

154. Le paragraphe 9 exclut du champ d'application des paragraphes 1 et 2 certains éléments de revenu visé qui génèrent une marge bénéficiaire sur les coûts de 8,5 % ou moins pour le bénéficiaire de ce revenu. L'alinéa s'applique aux éléments de revenu visé décrits aux sous-alinéas (iii) à (vii) de l'alinéa a) du paragraphe 4, et non aux éléments de revenu visé décrit aux sous-alinéas (i) et (ii).

[7] Voir Groupe de travail international sur les fonds souverains, Principes de Santiago (GTI, 2008), octobre 2008, Annexe 1 ; également reproduits dans le Modèle de convention fiscale de 2017 (OCDE, 2017), Commentaires sur l'article 4, paragraphe 8.5.

155. Le seuil de marge de bénéficiaire a pour objet d'exclure du champ d'application de la RAI le revenu visé généré par des transactions qui, compte tenu de leur niveau de rendement, présentent un risque de BEPS plus limité. En lieu et place d'une analyse des prix de transfert au regard des fonctions exercées, des actifs détenus et des risques assumés par les parties à la transaction, permettant d'évaluer l'éligibilité au seuil de marge bénéficiaire, une approche mécanique, reposant essentiellement sur des indicateurs chiffrés, est prévue.

156. Le seuil de marge bénéficiaire ne s'applique toutefois pas aux éléments de revenu visé décrits aux alinéas (i) (intérêts) ou (ii) (redevances). Les intérêts et redevances sont généralement considérés comme des catégories de revenu mobiles. Un groupe d'EMN pourrait par exemple plus facilement envisager de transférer les fonds prêtés ou des droits de propriété intellectuelle concédés sous licence afin de bénéficier d'un traitement fiscal spécifique. Si une restructuration de ce type peut avoir d'autres conséquences sur les fonctions exercées en lien avec la gestion des risques et le développement de ces actifs au regard du respect des obligations en matière de prix de transfert, elle est peut-être moins lourde qu'un transfert portant sur un autre type d'activité.

157. En outre, un prêteur finance souvent le prêt qu'il accorde par des fonds empruntés. Dans le contexte où le prêteur est une partie liée, il peut s'agir de fonds reçus de tierces parties ou d'un solde excédentaire sur des prêts consentis par d'autres parties liées. Dans ce cas, la marge est souvent faible pour le prêteur compte tenu des fonctions et des risques assumés. Pour les raisons susmentionnées, cela ne signifie pas pour autant que le prêteur présente un risque de BEPS plus faible. Ces facteurs expliquent pourquoi les intérêts et redevances peuvent présenter un risque de BEPS plus élevé rendant inappropriée l'application du seuil de marge bénéficiaire.

158. Le paragraphe 9 s'applique aux seuls éléments de revenu visé qui correspondent à un paiement relevant en totalité de l'une des catégories visées aux sous-alinéas (iii) à (vii) de l'alinéa a) du paragraphe 4 effectué en un seul versement. Cette règle générale est soumise aux dispositions des alinéas a) et b).

159. Le rendement produit par un élément de revenu visé est la différence entre le montant brut de ce revenu et les coûts supportés par la personne qui tire le revenu et qui sont directement ou indirectement *attribuables* à l'obtention de ce revenu. Le rendement *généré* par un élément de revenu visé atteint le seuil de marge bénéficiaire s'il est supérieur à 8,5 % de ces coûts.

160. L'exemple ci-après illustre comment le calcul doit être effectué. L'État A et l'État B ont conclu une convention fiscale incluant la RAI et fixant un taux de 8,5% au paragraphe 9. Un résident de l'État A effectue un paiement de 100 en contrepartie de services intermédiaires fournis par une société *qui est un* résident de l'État B (BCo). Bco supporte des coûts se chiffrant au total à 96 pour générer ce revenu. Le rendement généré par l'élément de revenu visé est de 4 et il correspond à une marge bénéficiaire de 4,17 % sur ces coûts. Si les coûts se chiffraient à 80, le rendement serait de 20, ce qui donnerait une marge bénéficiaire de 25 % sur les coûts. Dans le premier scénario, la marge sur les coûts est inférieure à 8,5 % et le revenu visé est donc exclu de l'application de la RAI. Dans le second scénario, la marge sur les coûts est supérieure à 8,5 %, le seuil de marge bénéficiaire est donc atteint et les paragraphes 1 et 2 de la RAI s'appliquent.

161. Le rendement généré par un élément de revenu visé est déterminé en prenant en compte l'ensemble des coûts – directs et indirects – supportés par la personne qui tire le revenu visé pour pouvoir l'obtenir. Il s'agit notamment des coûts supportés pour exercer l'activité qui génère l'élément de revenu visé ainsi que, le cas échéant, de la fraction appropriée des charges d'exploitation (dépenses de contrôle, frais généraux et charges administratives) et des provisions, des dotations aux amortissements et de dépréciation.

162. Les coûts devraient uniquement inclure les coûts supportés aux fins d'obtenir le revenu visé. Si les coûts sont supportés aux fins de l'obtention d'un revenu non visé ou s'ils sont supportés au bénéfice

d'une autre personne, seule la fraction de ces coûts *qui sont attribuables* à la personne qui tire l'élément de revenu visé dans l'obtention de ce revenu est prise en compte.

163. Lorsqu'un intermédiaire qui perçoit un revenu visé supporte des coûts pour le compte du payeur, ceux-ci doivent être considérés comme des coûts répercutés. Les coûts répercutés supportés par un intermédiaire ne sont pas des coûts supportés par le bénéficiaire de l'élément de revenu visé pour le générer. Ils ne sont, pour cette raison, pas pris en compte pour déterminer la marge bénéficiaire sur le revenu visé. Un agent chargé de l'approvisionnement qui perçoit une commission par exemple devra ainsi comparer la commission qu'il perçoit à ses propres coûts (internes), à l'exclusion du prix d'achat des produits. Les coûts qui ont été refacturés au payeur ne devraient pas être pris en compte dans le calcul des coûts supportés pour obtenir l'élément de revenu visé.

164. Toute méthode raisonnable peut être utilisée pour déterminer les coûts directs et indirects supportés pour générer le revenu visé. Un coût ne devrait être inclus dans la base de coûts que s'il est identifiable et si le revenu visé n'a pu être perçu qu'en supportant ce coût. Sachant que les alinéas a) et b) s'appliquent en référence à une année fiscale, seuls les coûts supportés pendant cette année fiscale peuvent être pris en compte dans le calcul de la base de coûts au titre de cette période. Il s'agit généralement des coûts constatés conformément aux normes comptables.

165. Il conviendrait de procéder à une ventilation raisonnable pour déterminer la proportion des coûts indirects, notamment des frais généraux, qui sont imputables à un élément de revenu visé. Une solution possible consiste à multiplier le montant total de ces coûts par le montant du revenu visé divisé par le revenu total. Prenons l'exemple d'une personne qui tire une commission d'achat de 50 et un revenu total de 500. Le montant total des frais généraux qu'elle supporte est de 100. Si l'on applique cette méthode, le montant total des frais généraux imputables à cet élément de revenu visé est de 10.

166. Les revenus visés peuvent générer une marge inférieure au seuil pour la personne qui tire l'élément de revenu visé, quelle que soit la méthode de prix de transfert utilisée pour fixer ou tester le prix de la transaction. Toutefois, une analyse des prix de transfert peut être utile pour déterminer les coûts pertinents pour le calcul prévu au paragraphe 9. L'approche prévue au paragraphe 9 n'est pas contraignante pour la fixation du prix de la transaction à des fins de prix de transfert.

167. Pour établir les coûts liés à un élément de revenu visé, la personne qui tire l'élément de revenu visé peut utiliser n'importe quel registre fiable, notamment ses états financiers ou des registres comptables internes (comptes de gestion notamment) faisant apparaître le montant et la nature des coûts liés à l'élément de revenu visé.

168. Si le calcul effectué au paragraphe 9 donne un résultat négatif, le revenu visé donne a fortiori lieu à un rendement inférieur au seuil de marge bénéficiaire et le paragraphe 9 s'applique.

169. L'alinéa a) du paragraphe 9 prévoit que les paiements effectués au titre d'un même élément de revenu visé doivent être agrégés pour déterminer si le revenu génère une marge inférieure au seuil lorsque ces paiements sont effectués aux termes d'un même accord contractuel. Le seuil quantitatif s'applique à la marge bénéficiaire sur la base appropriée de coûts pour cet ensemble de paiements, et non à chaque paiement considéré isolément.

170. L'alinéa a) s'applique par exemple aux paiements trimestriels au titre d'une même redevance annuelle. Tous les paiements effectués pendant une année fiscale de la personne qui tire le revenu visé sont agrégés pour déterminer si ce revenu génère une marge inférieure au seuil, de même que les coûts supportés au cours de cette année fiscale pour générer ce revenu. Les paiements effectués au titre du même élément de revenu visé qui se rapportent à des accords différents ne sont pas agrégés aux fins de l'application de la RAI et un calcul séparé doit être fait pour les paiements effectués au titre de ces différents accords.

171. Aux fins de l'alinéa a), un élément de revenu visé peut être perçu d'un seul payeur ou de plusieurs payeurs qui peuvent également être résidents de différents États. Ces paiements doivent être agrégés s'ils sont effectués aux termes d'un même contrat. L'exemple suivant illustre comme cette méthode doit être appliquée. Un résident de l'État A (ACo) conclut un contrat unique prévoyant la fourniture de services intermédiaires à des parties liées situées dans les États B, C et D. Ces parties liées sont des contreparties à ce contrat et elles effectuent toutes, en contrepartie de ces services, des paiements directement en faveur d'ACo. L'alinéa a) prévoit que ces paiements de revenu visé, et les coûts directs et indirects associés, doivent être agrégés pour déterminer si le revenu génère une marge inférieure au seuil aux fins de l'application de la RAI inclue dans les conventions fiscales qui lient l'État A et les États B, C et D.

172. La règle s'applique en référence au revenu généré et aux coûts associés supportés pendant une année fiscale. À cette fin, l'année fiscale est celle de la personne qui tire le revenu.

173. L'alinéa b) du paragraphe 9 prévoit que les paiements effectués aux termes de différents accords contractuels ou correspondant à différents éléments de revenu doivent être agrégés s'ils sont si imbriqués que le montant de chaque élément distinct du revenu visé, ainsi que les coûts directs et indirects encourus pour obtenir cet élément de revenu, ne peuvent être identifiés de manière fiable s'ils sont pris individuellement. À la différence de l'alinéa a), l'alinéa b) n'exige pas que les éléments de revenu soient versés en vertu du même accord contractuel et il s'applique aux paiements correspondant à différentes catégories de revenu visé.

174. Si le revenu visé est agrégé, les coûts directs et indirects associés doivent aussi être agrégés. L'alinéa b) ne s'applique que lorsque les coûts directs et indirects encourus pour obtenir ce revenu visé sont évalués de manière plus fiable. Si tel est le cas, l'agrégation en vertu de cette disposition est requise.

175. Une analyse serait probablement plus fiable au sens de l'alinéa b) dans les cas où un paiement de revenu visé n'aurait pas été effectué en l'absence des autres paiements, ou si les paiements de revenu visé sont complémentaires ou étroitement liés. Si l'on considérait ces paiements indépendamment les uns des autres, il serait concrètement impossible, ou arbitraire, de déterminer les coûts associés à chaque élément de revenu visé, et cela pourrait même aboutir à un résultat qui ne serait pas véritablement en rapport avec la réalité économique des paiements. C'est pourquoi la manière la plus fiable d'affecter les coûts à ces éléments de revenu et de faire coïncider au mieux la méthode suivie avec le caractère par nature commercial des accords conclus consiste à les agréger puisque les revenus visés sont si imbriqués.

176. Les approches de portefeuille sont un exemple de ce type de paiements. Une approche de portefeuille est une stratégie d'entreprise qui consiste, pour une personne, à regrouper certaines transactions afin de dégager un bénéfice adéquat sur l'ensemble du portefeuille plutôt que sur un seul élément du portefeuille. Certains éléments peuvent générer un faible bénéfice, voire une perte, parce qu'ils créent une demande pour d'autres éléments fournis par la même personne, dont la vente ou la fourniture génère des bénéfices élevés.

177. L'alinéa b) s'applique en référence à une année fiscale. Tous les paiements effectués, et les coûts associés supportés, pendant cette période, doivent donc être agrégés de la même manière que les paiements de revenu visé conformément à l'alinéa a).

178. L'alinéa c) détermine le calcul des coûts directs et indirects utilisés aux fins du seuil de marge bénéficiaire dans certaines circonstances. Premièrement, les revenus visés sous examen doivent être ceux décrits au sous-alinéa (vii) de l'alinéa a) du paragraphe 4, soit les revenus perçus en contrepartie de la fourniture de services.

179. Deuxièmement, la personne qui tire les revenus de la fourniture de services doit avoir supporté des coûts, directement ou indirectement, résultant de transactions avec des personnes liées qui sont des résidents d'une juridiction tierce, pour obtenir ces revenus tirés de la fourniture de services.

180. Troisièmement, la personne liée qui est un résident d'une juridiction tierce doit être assujettie à un taux d'imposition inférieur à 9 % sur les revenus qu'elle tire de ces transactions. Le taux d'imposition applicable à ces revenus est déterminé conformément aux paragraphes 5 et 6 de la RAI.

181. Finalement, les services pour lesquels la contrepartie est reçue doivent être fournis par le résident de la juridiction tierce à la personne qui effectue le paiement pour la fourniture de services. Par exemple, RCo, un résident de l'État R, tire des revenus en contrepartie de la fourniture de services de SCo, un résident de l'État S qui est lié à RCo. RCo supporte des coûts résultant d'une transaction avec TCo, un résident d'une juridiction tierce qui est lié à RCo, pour obtenir la contrepartie de SCo pour la prestation de services. Cette condition serait remplie si, dans le cadre des accords, TCo fournissait tout ou partie des services directement à SCo.

182. Cet aspect de la disposition (qui figure au sous-alinéa (ii)) s'applique également si le résident de la juridiction tierce conclut des transactions avec des personnes liées qui sont également assujetties à un taux d'imposition inférieur à 9 % et que ces personnes fournissent des services à la personne qui paie la contrepartie pour la fourniture de services. Dans l'exemple ci-dessus, les conditions du sous-alinéa (ii) seraient remplies si TCo concluait des transactions avec XCo, une personne liée qui est un résident de l'État X assujetti à un taux d'imposition inférieur à 9 % sur les revenus correspondants, et XCo fournit tout ou partie des services à SCo.

183. Si ces conditions sont remplies, les coûts résultant des transactions avec la personne liée qui sont inclus dans le calcul de la marge sur les coûts pour la personne qui tire les revenus en contrepartie de la fourniture de services sont limités à 80 % des coûts totaux. À cette fin, tous les coûts encourus au titre de transactions avec des personnes liées qui remplissent les conditions de l'alinéa c) sont agrégés. Si les seuls coûts encourus proviennent de transactions avec des personnes liées, la restriction de 80 % s'applique uniquement en référence à ces coûts.

184. Par exemple, RCo, un résident de l'État R, tire un revenu en contrepartie d'une fourniture de services de 160 de la part de SCo, un résident de l'État S. Pour obtenir ce revenu, RCo supporte des coûts totaux de 150. Parmi ces coûts, 60 proviennent de transactions avec TCo1 et 70 proviennent de transactions avec TCo2. TCo1 et TCo2 sont des résidents d'une juridiction tierce et sont des personnes liées à RCo. Les coûts résiduels (20) résultent de transactions avec un tiers. Avant l'application de l'alinéa c), SCo a une marge sur les coûts totaux de 6,67 %. TCo1 et TCo2 sont assujettis à un taux d'imposition inférieur à 9 % sur les revenus qu'ils tirent des transactions avec RCo. TCo1 et TCo2 fournissent les services directement à SCo. Par conséquent, les coûts attribuables à des parties liées de RCo sont plafonnés à 80 % des coûts totaux, ce qui signifie qu'ils sont limités à 120. Étant donné que les coûts résultant des transactions avec TCo1 et TCo2 sont supérieurs à ce montant (ils s'élèvent à 130), la marge aux fins du paragraphe 9 doit être calculée sur la base de 140 (120 coûts attribuables à des parties liées + 20 coûts des tiers). La marge est donc de 14 %, ce qui dépasse le seuil de marge bénéficiaire prévu au paragraphe 9.

185. Les coûts attribuables à des parties liées qui sont soumis à la limitation conformément à l'alinéa c) sont uniquement ceux payés à une personne liée qui est assujettie à un taux d'imposition inférieur à 9 %. Par exemple, RCo, un résident de l'État R, tire un revenu en contrepartie de la prestation de services de 160 provenant de SCo, un résident de l'État S. Pour gagner ce revenu, RCo encourt des coûts totaux de 150. Parmi ces coûts, 60 proviennent de transactions avec TCo1 et 70 proviennent de transactions avec TCo2. TCo1 et TCo2 sont des résidents d'une juridiction tierce et sont des personnes liées à RCo. Les coûts résiduels (20) résultent de transactions avec un tiers. Avant l'application de l'alinéa c), SCo a une marge sur les coûts totaux de 6,67 %. TCo1 est assujetti à un taux d'imposition inférieur à 9 % sur les revenus qu'il tire des transactions avec RCo. TCo2 est assujetti à un taux d'imposition supérieur à 9 % sur les revenus qu'il tire des transactions avec RCo. TCo1 et TCo2 fournissent les services directement à SCo. Les coûts encourus dans le cadre des transactions de RCo avec TCo1 sont plafonnés à 80 % des coûts totaux, ce qui signifie qu'ils sont limités à 120. Comme les coûts encourus au titre des transactions

avec TCo1 sont inférieurs à ce montant (60), la marge aux fins de l'alinéa 9 ne sera pas affectée par l'alinéa c) et restera de 6,67 %.

186. Lorsque l'alinéa b) s'applique et qu'une personne tire plus d'une catégorie de revenus visés, y compris des services, tous les coûts qui remplissent les conditions de l'alinéa c) devront être identifiés et l'alinéa c) s'appliquera à ces coûts en conséquence. Toute approche raisonnable peut être utilisée à cette fin.

187. Le paragraphe 9 ne s'applique pas lorsque l'élément de revenu visé est un paiement d'origine ou un paiement lié pour lequel les conditions énoncées au paragraphe 11 de la disposition relative à la RAI sont réunies (la règle anti-abus ciblée). Cette méthode trouve sa justification dans des considérations pratiques.

188. Premièrement, l'alinéa b) du paragraphe 11 prévoit que le destinataire du paiement d'origine verse, directement ou indirectement, un montant égal à la totalité ou à la quasi-totalité du paiement d'origine, sous la forme de paiements (« paiements liés ») au bénéfice d'une autre personne. Il s'ensuit que le paiement d'origine va probablement générer une marge sur les coûts en dessous du seuil de 8,5 % pour la personne qui tire le revenu. Deuxièmement, si le seuil de marge bénéficiaire s'appliquait à un paiement lié, il pourrait se révéler difficile, pour les États de la source, d'évaluer le rendement pour le bénéficiaire lié. Dans tous les cas, il serait inapproprié que le seuil de marge bénéficiaire empêche l'application de la règle anti-abus ciblée.

189. Outre la règle anti-abus du paragraphe 11, d'autres dispositions peuvent être pertinentes pour garantir l'application appropriée du paragraphe 9. Cela peut être particulièrement pertinent dans des circonstances où les coûts utilisés aux fins du rendement d'un élément de revenu visé sont encourus dans le cadre de transactions avec des entreprises associées.

190. Par exemple, ces coûts seront déterminés conformément aux principes de prix de transfert. Les montages visant à tirer indûment parti du paragraphe 9 peuvent avoir pour effet de restreindre les avantages offerts par une convention fiscale conformément à une disposition telle que le paragraphe 1 de l'article 29 du Modèle de l'OCDE. En outre, le critère des objets principaux (figurant au paragraphe 9 de l'article 29 du Modèle de l'OCDE) peut également s'appliquer lorsque l'obtention de l'avantage du paragraphe 9 était l'un des objets principaux d'un tel montage ou d'une telle transaction et que l'octroi de cet avantage n'était pas conforme à l'objet et au but de la convention fiscale.

10. Personnes liées

191. Le paragraphe 10 définit ce qu'il faut entendre par « personne liée » aux fins de la RAI. Cette disposition s'inspire du paragraphe de 8 de l'article 5 du Modèle de convention fiscale de l'OCDE. L'existence d'un lien est établie lorsqu'il existe une relation de contrôle. La première partie de la disposition énonce la règle principale, qui établit un critère de contrôle de fait tenant compte de l'ensemble des faits et circonstances pertinents. Cette règle est complétée par une règle de présomption consistant à considérer qu'un lien existe dans le cas où d'une participation directe ou indirecte de plus de 50 pour cent. Les paragraphes 119 à 121 des Commentaires sur l'article 5 doivent être pris en compte dans l'interprétation de cette disposition.

192. On trouve dans le paragraphe 10 le terme « lié » en lieu et place de l'expression « étroitement lié » employée au paragraphe 8 de l'article 5. L'expression « personnes liées » est également définie à l'article 29 (au paragraphe 6 et à l'alinéa d) du paragraphe 7) aux fins des versions simplifiée et détaillée de la disposition relative à la limitation des avantages, mais dans ce cas, le seuil de participation est d'« au moins 50 pour cent ». Pour éviter toute confusion, les États contractants qui concluent une convention incluant une disposition relative à la limitation des avantages fondée sur l'article 29 de la Convention sont

libres de remplacer, ou d'appliquer aux fins de la RAI, la définition énoncée à l'article 29 (au paragraphe 6 et à l'alinéa d) du paragraphe 7).

11. Personnes liées – règle anti-abus ciblée

193. Le critère du contrôle de fait défini au paragraphe 10 et les règles anti-abus fondées sur l'objet, telles que celles fondées sur le critère des objets principaux au sens du paragraphe 9 de l'article 29, offrent des remèdes efficaces contre les dispositifs destinés à contourner la RAI. Les règles mécaniques comme les dispositions sur la limitation des avantages prévues aux paragraphes 1 à 7 de l'article 29, lorsqu'elles sont liées à des règles anti-montage-relais appropriées, garantissent également une protection efficace contre ces dispositifs. Le paragraphe 11 énonce une autre règle mécanique anti-abus visant certains dispositifs en particulier, comme le recours à des montages impliquant des paiements consécutifs, destinés à rompre une relation entre le payeur et le bénéficiaire lié, ou à interposer une personne liée assujettie à un taux d'imposition supérieur à 9 %, pour échapper à l'application de la RAI. Les États membres de l'Union européenne peuvent vouloir assurer la coordination du champ du paragraphe 11 avec les obligations légales qui leur sont applicables.

194. Le paragraphe 11 vise deux grandes catégories d'abus. La première regroupe des abus reposant sur l'interposition d'une personne non liée entre deux personnes liées dans le but de présenter un flux de revenu visé comme une série de paiements dont chacun est effectué entre des personnes non liées en vue d'obtenir le bénéfice de l'exclusion prévue à l'alinéa b) du paragraphe 8. La deuxième catégorie regroupe des abus consistant à faire transiter par une personne liée fortement imposée un paiement de revenu visé destiné à une personne liée faiblement imposée afin d'éviter le déclenchement du critère du taux prévu au paragraphe 1. Dans chacun de ces cas, le revenu visé est versé par un intermédiaire qui, conformément à l'alinéa a) du paragraphe 11, doit être résident de l'un ou l'autre des États contractants. Lorsque l'intermédiaire est un résident de l'autre État contractant, le paragraphe 11 n'est pertinent que si le revenu est tiré par l'intermédiaire lui-même (par exemple, dans le cas de redevances, par le bénéficiaire effectif de ces redevances). En effet, la RAI a pour objet de limiter les avantages conférés par la Convention de telle sorte que seule la personne qui tire le revenu puisse en bénéficier (voir paragraphe 1 de la RAI et les Commentaires y afférents). Si le revenu ne revient pas à l'intermédiaire, aucun avantage auquel la RAI (y compris le paragraphe 11) pourrait s'appliquer ne peut être accordé au titre de la Convention. Lorsque l'intermédiaire se trouve dans le même État contractant que la personne qui effectue le paiement du revenu visé, il n'a pas droit aux avantages conférés par la Convention et le critère selon lequel le revenu est tiré par une personne s'appliquera à la personne liée faiblement imposée au bénéfice de laquelle l'intermédiaire effectue les paiements transnationaux pour lesquels le droit aux avantages conférés par la Convention est réclamé. Les paragraphes 9 à 10.4 des Commentaires sur l'article 11 et les paragraphes 3 à 4.6 des Commentaires sur l'article 12 portent sur le sens de l'expression « bénéficiaire effectif » dans ce contexte.

195. Une série de conditions cumulatives doivent être réunies pour que le paragraphe 11 s'applique, dont chacune repose sur un critère factuel. Ces conditions sont examinées à tour de rôle ci-après. Lorsque le paragraphe 11 s'applique, le paiement transnational est considéré comme un paiement effectué au bénéfice d'une personne liée qui est un résident de l'autre État contractant. Lorsque l'intermédiaire est un résident du même État que celui dans lequel l'élément de revenu visé est généré, le taux d'imposition aux fins des paragraphes 1, 2 et 5 est le taux d'imposition auquel le bénéficiaire lié ultime est assujetti dans son État de résidence. Lorsque l'intermédiaire se trouve dans l'autre État contractant, le taux d'imposition aux fins des paragraphes 1, 2 et 5 est le plus élevé des deux taux suivants : le taux nominal d'imposition auquel le bénéficiaire lié est assujetti dans l'État de l'intermédiaire et le taux d'imposition applicable dans l'État dont le bénéficiaire lié est un résident.

196. Lorsque l'intermédiaire se trouve dans l'autre État contractant, le paiement transnational est le paiement d'origine de revenu visé ; et lorsque l'intermédiaire se trouve dans le même État contractant que la personne qui effectue le paiement d'origine, le paiement transnational désigne les paiements liés. Les exemples 1 à 6 présentés à l'annexe A illustrent le fonctionnement et l'effet du paragraphe 11. Les Commentaires ci-après traitent également l'interaction entre le paragraphe 11 et le critère des objets principaux décrit au paragraphe 9 de l'article 29.

11.1. Conditions dans lesquelles le paragraphe 11 s'applique

197. Le paragraphe 11 s'applique uniquement lorsque toutes les conditions énoncées aux alinéas a), b) et c) sont satisfaites. Ces conditions se concrétisent par l'application d'une série de critères factuels permettant d'identifier les dispositifs, y compris les montages impliquant des paiements consécutifs , visant à contourner la RAI en faisant transiter par un intermédiaire qui, soit est une personne non liée, soit est une personne liée assujettie à un taux d'imposition égal ou supérieur à 9 %, les paiements de revenu visé destinés ultimement à un bénéficiaire qui est une personne liée assujettie à un taux d'imposition inférieur à 9 %.

198. L'alinéa a) énonce la condition selon laquelle le revenu visé généré dans un État contractant découle d'un paiement effectué par une personne autre qu'une personne physique à un intermédiaire qui est un résident de l'un ou l'autre des États contractants. Ce paiement de revenu visé est désigné comme le « paiement d'origine ». La référence à une personne « autre qu'une personne physique » s'impose car, en vertu des premiers mots du paragraphe 8 de la disposition, la RAI ne s'applique pas aux paiements de revenu visé effectués par des personnes physiques ; le paragraphe 8 s'applique en revanche aux fins des dispositions précédentes de la RAI (à savoir les paragraphes 1 à 7). Sous l'effet combiné de la limitation de l'application du paragraphe 8 aux paragraphes 1 à 7 et de l'inclusion de la limitation introduite par l'expression « autre qu'une personne physique » au paragraphe 11, le paragraphe 11 ne s'applique pas lorsque le paiement d'origine est effectué par une personne physique, mais peut s'appliquer lorsque l'intermédiaire est une personne physique (ou appartient à toute autre catégorie de personnes exclues). On obtient ainsi le résultat voulu.

199. Cela est dû au fait que le champ d'application du paragraphe 11 n'est pas restreint par les dispositions du paragraphe 8 et qu'une « personne » agissant en qualité d'intermédiaire dans le cadre d'un dispositif entrant dans le champ d'application du paragraphe 11 peut être une personne physique ou appartenir à n'importe laquelle des catégories de personnes exclues citées au paragraphe 8. Néanmoins, le paragraphe 11 n'a pas pour effet d'élargir le champ d'application de la RAI au-delà de son application prévue aux paiements de revenu visé entre des sociétés liées. De fait, si un paiement de revenu visé est effectué au moyen d'une transaction ou d'une série de transactions auxquelles prennent part des intermédiaires non liés en faveur, par exemple, d'un fonds de pension reconnu mentionné à l'alinéa c) du paragraphe 8, la RAI ne s'applique pas, car ce paiement effectué directement en faveur d'un fonds de pension reconnu ne relève pas du champ d'application des paragraphes 1 et 2 en vertu du paragraphe 8.

200. En vertu de l'alinéa a), l'intermédiaire doit être un résident de l'un ou l'autre des États contractants. L'intermédiaire pourrait donc être un résident du même État que la personne effectuant le paiement d'origine (État S) ou un résident de l'autre État contractant (État R). Si l'intermédiaire est un résident d'un État tiers (État T), le paragraphe 11 de la RAI figurant dans la convention conclue entre S et R ne s'applique pas. Dans ce cas, il faudrait alors plutôt recourir à une disposition équivalente dans la convention conclue entre S et T (l'interaction avec le critère des objets principaux figurant au paragraphe 9 de l'article 29 est examinée séparément dans la section 10.3 ci-après). Cette condition gouverne donc le fonctionnement du paragraphe 11 dans les cas triangulaires et clarifie la réponse à la question de savoir quelle est la convention qui s'applique. Les États incluant le paragraphe 11 dans leurs conventions souhaiteront peut-être le faire systématiquement afin de garantir que le paragraphe 11 offre un rempart efficace contre les dispositifs qu'il est censé contrecarrer.

201. L'alinéa b) prévoit l'application d'une série de critères factuels à l'intermédiaire en faveur duquel le paiement d'origine est effectué. Conformément à l'alinéa b), l'intermédiaire doit, pendant une période de 365 jours qui inclut la date à laquelle le paiement d'origine a été effectué, effectuer directement ou indirectement des paiements équivalant à la totalité ou la quasi-totalité du montant du paiement d'origine réunissant toutes les autres conditions prévues aux sous-alinéas (i), (ii) et (iii). Ces paiements sont désignés par l'expression « paiements liés ». Les paiements liés sont effectués directement s'ils sont effectués par l'intermédiaire et sans l'interposition d'autres intermédiaires. Ils sont effectués indirectement si d'autres intermédiaires (quel que soit le pays dont ils sont résidents) interviennent de sorte que se forme une chaîne de paiements en cascade. Le fait que les paiements liés doivent être effectués pendant une période de 365 jours incluant la date à laquelle le paiement d'origine a été effectué signifie que certains paiements, voire l'ensemble des paiements liés, pourraient être effectués avant que le paiement d'origine soit reçu, mais l'alinéa c) impose une condition supplémentaire concernant la relation entre le paiement d'origine et les paiements liés dont il sera question plus loin. Ces critères ne préjugent en rien de la réponse à la question de savoir si le bénéficiaire d'un revenu est le bénéficiaire effectif de ce revenu conformément aux principes énoncés aux paragraphes 9 à 10.4 des Commentaires sur l'article 11 et aux paragraphes 3 à 4.6 des Commentaires sur l'article 12 (la condition prévue par ces articles étant que seul le bénéficiaire effectif peut revendiquer le droit à l'allégement).

202. Le montant des paiements liés doit être égal à la « totalité ou quasi-totalité » du paiement d'origine. La règle administrative tacite qui prévaut veut que la « totalité ou quasi-totalité » corresponde en général à 90 %. L'application de ce critère n'est toutefois pas qu'une question de calcul ; tous les faits et circonstances doivent être examinés pour déterminer si le critère de la « totalité ou quasi-totalité » a été satisfait. Il peut exister des situations où ce critère de la « totalité ou quasi-totalité » peut être satisfait même si les paiements liés représentent moins de 90 % du paiement d'origine, mais plus on s'éloigne de ce ratio de 90 %, plus la probabilité est faible que le critère de la « totalité ou quasi-totalité » soit satisfait.

203. Les paiements liés doivent satisfaire aux trois autres conditions prévues aux sous-alinéas (i) à (iii) de l'alinéa b). Au sous-alinéa (i), il est prévu que l'intermédiaire doit effectuer les paiements liés en faveur d'une personne (ou de personnes) autre(s) qu'une personne exclue au sens du paragraphe 8, qui est(sont) liée(s) à la personne effectuant le paiement d'origine au sens du paragraphe 11. La(es) personne(s) liée(s) recevant les paiements liés est(sont) désignée(s) par l'expression « bénéficiaire(s) lié(s) ». Cette condition permet de repérer les dispositifs, tels que les montages impliquant des paiements consécutifs, grâce auxquels le revenu visé est redirigé d'une personne liée vers une autre personne liée (ou d'autres personnes liées) qui n'est pas une personne exclue (qui ne sont pas des personnes exclues) (et à laquelle (auxquelles), pour cette raison, la RAI devrait de prime abord s'appliquer, si ce n'est de l'interposition de l'intermédiaire). La référence à « ou plusieurs personnes » a vocation à permettre de contrecarrer les dispositifs dits de fragmentation servant à répartir les paiements liés entre plusieurs bénéficiaires liés. Lorsque les paiements liés sont ainsi fragmentés, les paiements agrégés effectués en faveur de plusieurs bénéficiaires liés doivent satisfaire d'une part au critère de la « totalité ou quasi-totalité », et d'autre part, au critère du « lien de causalité » prévu à l'alinéa c). Il n'est pas précisé, au sous-alinéa (i), que le bénéficiaire lié doit être un résident de l'un des États contractants, et il peut donc être résident d'un État tiers.

204. Le sous-alinéa (ii) prévoit l'application d'un critère de taux d'imposition. Le taux d'imposition auquel est assujetti le bénéficiaire lié dans son État de résidence et le taux nominal d'imposition auquel il est assujetti dans l'État de l'intermédiaire doivent être calculés. Cette condition focalise l'application du paragraphe 11 sur les dispositifs qui aboutissent à l'application d'un taux d'imposition inférieur à 9 % au niveau du bénéficiaire lié ultime et elle est calquée sur la règle de déclenchement prévue au paragraphe 1 de la disposition relative à la RAI. Le sens des expressions « taux d'imposition » et « taux général d'imposition » est défini aux paragraphes 5 et 6. Le taux général d'imposition appliqué dans l'État de l'intermédiaire est celui qui s'applique aux paiements liés à la charge du bénéficiaire lié; il est déterminé sans tenir compte du taux d'imposition auquel est assujetti l'intermédiaire. Le taux d'imposition est ajusté

pour tenir compte de toute réduction éventuelle de ce taux en vertu d'une convention de double imposition. Si par exemple le taux général d'imposition applicable aux paiements liés dans l'État de l'intermédiaire est de 20 %, mais qu'une convention de double imposition conclue entre l' État de l'intermédiaire et l'État dont le bénéficiaire lié est un résident plafonne ce taux à 5 %, le taux nominal auquel est assujetti le bénéficiaire lié dans l'État de l'intermédiaire aux fins du sous-alinéa (ii) sera de 5 %. Le sous-alinéa (ii) s'applique si les deux taux auxquels est assujetti le bénéficiaire lié (dans l'État de l'intermédiaire et dans celui dont il est un résident) sont inférieurs à 9 %.

205. Le sous-alinéa (iii) prévoit l'application à l'intermédiaire d'un critère d'érosion de la base d'imposition. Ce critère n'est pertinent que lorsque le paiement d'origine est imposé dans l'État contractant dont l'intermédiaire est un résident. Ainsi, il n'est pas nécessaire que ce critère soit satisfait dans des cas où le paiement d'origine n'est pas considéré comme un revenu imposable dans cet État ; il n'est donc pas nécessaire en pareil cas de vérifier si l'intermédiaire peut prétendre au bénéfice d'une déduction au titre du paiement lié. Un intermédiaire qui est en règle générale exonéré d'impôt sur le revenu dans son État de résidence, comme un fonds de pension reconnu, satisferait alors au critère d'érosion de la base d'imposition. La condition prévue au sous-alinéa (iii) est satisfaite lorsque l'intermédiaire inclut le paiement d'origine dans son revenu imposable et a droit à une déduction fiscale au titre des paiements liés. Ce critère permet de repérer les dispositifs grâce auxquels la totalité ou quasi-totalité du paiement d'origine est exclue de la base d'imposition dans l'État de résidence de l'intermédiaire. Le sous-alinéa (iii) garantit toutefois que le paragraphe 11 ne s'applique pas lorsque le paiement d'origine est inclus dans la base d'imposition dans l'État de résidence de l'intermédiaire. Cette inclusion est un indicateur témoignant du fait que le recours à l'intermédiaire ne sert pas à éviter l'application de la RAI.

206. L'alinéa c) prévoit l'application d'un critère du lien au paiement d'origine et aux paiements liés et fixe comme condition l'existence d'un lien de causalité entre le paiement d'origine et les paiements liés. Cette condition est satisfaite lorsque l'on peut raisonnablement conclure que les paiements liés n'auraient pas été effectués en l'absence du paiement d'origine. Elle n'impose pas l'obligation que les paiements liés soient effectués subséquemment au paiement d'origine ou proviennent de celui-ci , mais prévoit l'application d'un critère factuel concernant les conditions dans lesquelles les paiements liés sont effectués. Prenons, par exemple, un intermédiaire non lié situé dans l'État R qui conclut un accord avec une société située dans l'État S, en vertu duquel il prend en location un actif et verse les paiements correspondant au loyer à une autre société située dans l'État R qui est liée à la société située dans l'État S, à condition que la société située dans l'État S prenne en location, pendant la même période, le même actif et verse les paiements correspondant au loyer à l'intermédiaire non lié. Lorsque les paiements correspondant au loyer que l'intermédiaire non lié est tenu d'effectuer en faveur de la société située dans l'État R sont équivalents à la totalité ou quasi-totalité des paiements correspondant au loyer qu'il reçoit de la société située dans l'État S, il est raisonnable de conclure que le lien de causalité requis existe. Peu importe que l'intermédiaire non lié effectue, ou non, les paiements correspondant au loyer en faveur de la société située dans l'État R avant ou après la date à laquelle il peut prétendre au versement des montants correspondant au loyer de la part de la société située dans l'État S, dès lors que l'obligation d'effectuer les paiements en faveur de l'entreprise située dans l'État R naît pendant une période de 365 jours incluant la date du paiement d'origine. En revanche, lorsqu'une société non liée située dans l'État R concède en location un actif qu'elle détient à une société située dans l'État S et lorsque, aux termes d'un contrat séparé conclu indépendamment du premier contrat, la société non liée prenne en location auprès d'une autre société située dans l'État R, qui est liée à la société située dans l'État S, un actif différent détenu par la société située dans l'État R que la société non liée utilise dans le cadre de ses activités, il ne serait pas raisonnable de conclure que le lien de causalité requis existe. Un autre exemple dans lequel la condition énoncée à l'alinéa c) ne s'appliquerait pas est celui d'un intermédiaire non lié qui fait office de centre de gestion de la trésorerie pour divers clients, dont des sociétés pouvant appartenir au même groupe. Dans le cadre de son activité de gestion centralisée de la trésorerie, l'intermédiaire non lié peut payer des intérêts à des entités liées, et en percevoir, en fonction de la situation nette de trésorerie, selon que le solde est débiteur ou créditeur. Néanmoins, en l'absence d'autres faits et circonstances attestant le contraire, il ne

serait raisonnable de conclure que le paiement d'intérêts par l'intermédiaire non lié à un créancier a pour origine le paiement effectué par une entité débitrice vis-à-vis de l'intermédiaire non lié. En effet, l'intermédiaire non lié agit, dans cet exemple, comme un entrepreneur indépendant et il est probable que les positions débitrices et créditrices des entités liées changent régulièrement étant donné que les parties à l'accord de gestion centralisée de la trésorerie peuvent être alternativement débitrices ou créditrices.

207. L'alinéa c) prévoit l'application d'un critère objectif nécessitant un examen des faits pour déterminer si ceux-ci conduisent à conclure, sur une base raisonnable, que le lien de causalité requis existe entre les paiements d'origine et les paiements liés. Il s'agit d'une disposition neutre qui ne contient pas de directives attribuant le fardeau de la preuve à l'administration fiscale ou au contribuable ; elle prévoit simplement que le critère doit être appliqué.

11.2. Fonctionnement et effet du paragraphe 11

208. Lorsque toutes les conditions cumulatives énoncées aux alinéas a), b) et c) du paragraphe 11 sont réunies, le paragraphe 11 a pour effet l'application de deux dispositions parallèles. La première amène à considérer les paiements d'origine, ou les paiements liés transnationaux, effectués par un résident de l'État d'où provient le revenu visé en faveur d'un résident de l'autre État contractant comme des paiements de revenu visé effectués à une personne liée qui est un résident de cet autre État contractant. Ce traitement est appliqué uniquement aux fins de l'application de la RAI ; il ne s'étend pas aux autres dispositions de la Convention et est sans effet sur leur application.

209. La seconde, énoncée aux alinéas d) et e), porte sur la détermination du taux d'imposition aux fins des paragraphes 1, 2 et 5 de la disposition relative à la RAI. L'alinéa d) prévoit que, lorsque le paiement d'origine est effectué en faveur d'un intermédiaire qui est un résident de l'autre État contractant, le taux d'imposition aux fins des paragraphes 1, 2 et 5 est le plus élevé des deux taux suivants : le taux d'imposition appliqué dans l'État contractant dont le bénéficiaire lié est un résident et le taux nominal d'imposition auquel est assujetti le bénéficiaire lié dans l'État de l'intermédiaire. L'alinéa e) s'applique lorsque le paiement d'origine est effectué au bénéfice d'un intermédiaire qui est un résident de l'État contractant d'où provient l'élément de revenu visé et prévoit que, dans ces circonstances, le taux d'imposition aux fins des paragraphes 1, 2 et 5 de la disposition relative à la RAI est le taux d'imposition auquel le bénéficiaire lié est assujetti au titre des paiements liés effectués dans son État de résidence.

210. Ensemble, ces dispositions parallèles garantissent que les autres dispositions de la RAI peuvent alors s'appliquer au dispositif d'évitement de la règle compte tenu de sa véritable nature et de ses véritables effets. Un paiement effectué en faveur d'une personne non liée satisfaisant aux conditions énoncées aux alinéas a) à c) et transféré à une personne liée faiblement imposée est traité comme s'il s'agissait d'un paiement effectué en faveur d'une personne liée qui est un résident de l'autre État contractant, et un paiement effectué en faveur d'une personne liée fortement imposée qui réunit les conditions énoncées aux alinéas a) à c) et est transféré à une personne liée faiblement imposée est traité comme un paiement en faveur d'une personne liée faiblement imposée qui un résident de l'autre État contractant. Ce traitement ne modifie cependant en rien l'identité du bénéficiaire du paiement d'origine (ou, lorsque l'intermédiaire est également résident de l'État de la source, des paiements liés) ; il consiste simplement à considérer le bénéficiaire comme une personne liée qui est un résident de l'autre État contractant. Lorsque par exemple SCo (un résident de l'État S) effectue un paiement d'origine en faveur d'un intermédiaire non lié résident de l'État R, et lorsque l'intermédiaire non lié effectue des paiements liés en faveur de TCo (un résident de l'État T et une personne liée à SCo), et enfin lorsque les conditions énoncées aux alinéas a) à c) sont réunies, le paragraphe 1 prévoit que le paiement d'origine effectué par SCo en faveur de l'intermédiaire non lié est considéré comme un paiement en faveur d'une personne liée qui est un résident de l'État R aux fins de l'application de la disposition relative à la RAI incluse dans la convention liant les États S et R. On aboutirait au même résultat si TCo était un résident de l'État R. Le paiement auquel la RAI s'appliquerait demeurerait le paiement d'origine effectué par SCo au bénéfice de

l'intermédiaire non lié qui est le paiement soumis aux dispositions de la convention liant les États S et R car il a sa source dans l'État S et est effectué en faveur d'un résident de l'État R.

211. Dans tous les cas, le taux d'imposition défini au paragraphe 5 qui s'applique aux fins des paragraphes 1 et 2 produira le résultat approprié conformément aux paragraphes 1 et 2 du fait qu'il prend en compte l'impôt auquel est assujetti le bénéficiaire lié au titre du revenu visé provenant de l'État S, qu'il s'agisse de l'État de l'intermédiaire ou de l'État dont le bénéficiaire lié est un résident. La RAI s'applique si le revenu visé est assujetti à un taux d'imposition inférieur à 9 % tant dans l'État de résidence du bénéficiaire lié que dans l'État de résidence de l'intermédiaire.

212. La première disposition s'applique soit au paiement d'origine, soit aux paiements liés, selon l'État de résidence de l'intermédiaire. En effet, l'intermédiaire peut être un résident de l'État contractant dont la personne effectuant le paiement d'origine est un résident ou de l'autre État contractant. Dans le premier scénario, dans lequel la personne effectuant le paiement d'origine et l'intermédiaire sont résidents du même État (l'État de la source), le paiement d'origine est effectué entre deux entités nationales. On peut s'interroger sur l'effet d'une disposition en vertu de laquelle le paiement d'origine est considéré, dans ce scénario, comme ayant été effectué en faveur d'une personne liée qui est un résident de l'autre État contractant dans la mesure où ce dernier (l'État de la source) imposerait alors un résident. Il n'est pas certain du tout qu'un tel traitement serait transposé dans le droit interne de cet État ou que le droit interne de cet État faciliterait l'imposition d'un paiement strictement national selon les mêmes modalités que s'il s'agissait d'un paiement transnational. Dans ce scénario, le paragraphe 11 a pour effet que les paiements liés transnationaux effectués par l'intermédiaire (et non le paiement d'origine) soient traités comme des paiements de revenu visé effectués en faveur d'une personne liée dans l'autre État contractant. C'est également un résultat cohérent avec le fait que toute différence entre le montant du paiement d'origine et les paiements liés serait intégrée dans le revenu de l'intermédiaire dans son État de résidence et assujettie à l'impôt dans cet État. Il est donc souhaitable, dans ce scénario, que la RAI s'applique uniquement au montant des paiements liés transnationaux. Néanmoins, lorsque l'intermédiaire est un résident de l'autre État contractant, le paiement d'origine est un paiement transnational et il est alors souhaitable que la RAI s'applique à ce paiement.

213. L'application du paragraphe 11 est illustrée par les exemples présentés à l'annexe A.

11.3. Interaction avec le critère des objets principaux

214. Le paragraphe 9 de l'article 29 contient une règle anti-abus à large spectre, communément connue sous le nom de critère des objets principaux, visant à refuser l'octroi des avantages prévus par la convention au titre d'une transaction ou d'un montage dont l'objet principal était précisément d'obtenir le bénéfice de ces avantages. Ce critère s'applique dans l'ensemble de la Convention à tous les types possibles de transaction ou de montage. Quasiment tous les États qui sont membres du Cadre inclusif sur le BEPS au moment de la rédaction des présents Commentaires ont entrepris d'inclure le critère des objets principaux dans leurs conventions au titre de leur engagement à mettre en œuvre le standard minimum relatif au chalandage fiscal qui est prévu dans le rapport final sur l'Action 6 du projet sur l'érosion de la base d'imposition et transfert de bénéfices (BEPS) mené sous l'égide de l'OCDE et du G20.

215. Le critère des objets principaux et la règle énoncée au paragraphe 11 se recoupent dans une large mesure étant donné que le paragraphe 11 vise principalement les dispositifs conçus pour échapper à la RAI. Le paragraphe 11 ne prévoit toutefois pas de critère relatif à la raison d'être ; il fonctionne de façon plus mécanique étant donné que plusieurs critères objectifs doivent être satisfaits pour qu'il puisse s'appliquer, et le facteur de la connexion entre les paiements amène à poser la question de savoir s'il est raisonnable de conclure que l'intermédiaire n'aurait pas procédé aux paiements liés en l'absence du paiement d'origine.

216. Il s'ensuit qu'il pourrait y avoir des transactions ne relevant pas du champ d'application du paragraphe 11 qui satisferaient néanmoins au critère des objets principaux. Dans ces circonstances, le fait que le paragraphe 11 ne s'applique pas ne préjuge en rien de l'application du critère des objets principaux – autrement dit, le critère des objets principaux s'applique même si le paragraphe 11 ne s'applique pas. Il en va de même pour les dispositions des paragraphes 1 à 7 de l'article 29 (généralement désignées comme les dispositions relatives à la « limitation des avantages ») ; celles-ci peuvent être appliquées afin de restreindre les avantages conférés par la convention même si le paragraphe 11 de la RAI ne s'applique pas.

217. On pourrait citer comme exemple de l'interaction entre le paragraphe 11 et le critère des objets principaux le cas où des transactions ont eu lieu sans déclencher l'application du paragraphe 11, car le montant du paiement lié n'équivalait pas à la quasi-totalité du paiement d'origine. Il pourrait arriver cependant que l'un des objets principaux des transactions ait été l'obtention d'avantages conférés par la Convention (en l'espèce, tirer avantage de l'exonération des personnes liées, par exemple), et que le critère des objets principaux s'applique donc pour lever cette protection, et partant, pour rétablir l'application de la RAI.

218. D'autres cas peuvent se présenter dans lesquels le paragraphe 11 s'applique effectivement pour protéger la RAI, mais où le dispositif qui a déclenché son application pourrait aussi avoir eu comme l'un de ses objets principaux l'obtention d'un avantage plus large conféré par la Convention. Un mécanisme de société-relais pourrait par exemple avoir été mis en place pour mettre à profit le fait que la convention conclue entre l'État de résidence de la personne effectuant le paiement d'origine et l'État de résidence de l'intermédiaire n'autorise aucune imposition dans l'État de la source du paiement, sauf dans le cadre de la RAI. En pareil cas, le critère des objets principaux pourrait s'appliquer de sorte que le paiement serait assujetti à une imposition à la source au taux plein prévu par le droit interne. Dans d'autres situations, les effets de l'application du paragraphe 11 et le critère des objets principaux pourraient être identiques. Dans ce cas précis, la règle anti-montage-relais aurait permis d'appliquer tous les redressements nécessaires – autrement dit, la RAI s'appliquerait comme prévu et il ne serait pas nécessaire d'invoquer le critère des objets principaux.

219. À l'inverse, il existe également des cas dans lesquels le paragraphe 11 s'applique à des dispositifs qui ne satisfont pas au critère des objets principaux. En effet, le paragraphe 11 fonctionne d'une manière largement mécanique, en dehors de tout critère relatif à la raison d'être, et est en cohérence avec le fait que la RAI peut s'appliquer à des transactions n'entraînant pas une utilisation abusive de la Convention. Le paragraphe 11 ne devrait donc pas être appliqué en gardant à l'esprit le critère des objets principaux, il devrait être appliqué pour ce qu'il est en tant que tel.

220. Pour résumer, il y a des cas auxquels les deux règles s'appliquent et des cas auxquels seule l'une d'elles s'applique, mais chacune doit être appliquée pour ce qu'elle est indépendamment de l'autre.

221. Dans les paragraphes précédents, une analyse des interactions entre la règle du critère des objets principaux et le paragraphe 11 a été proposée. Néanmoins, il existe également des interactions entre la règle du critère des objets principaux et la RAI elle-même. Cette dernière peut être envisagée comme une règle anti-abus à part entière de sorte que, même lorsqu'une Convention ne mentionne pas la règle énoncée au paragraphe 11, il sera possible, dans certains cas, d'appliquer en même temps la règle du critère des objets principaux et la RAI. Un montage-relais dans lequel toutes les entités sont liées pourrait par exemple déclencher l'application de la RAI. Un tel montage pourrait aussi avoir comme l'un de ses principaux objets l'élimination de l'impôt de la transaction dans l'État de la source. Dans ce cas, la RAI permettrait de rétablir une partie de l'imposition dans l'État de la source, mais l'application ultérieure de la règle du critère des objets principaux pourrait en principe la rétablir en totalité – en particulier si la disposition bilatérale ne contient pas la disposition optionnelle relative au critère des objets principaux énoncée au paragraphe 184 des Commentaires sur l'article 29.

222. Les États qui considèrent que tout sujet d'inquiétude peut être convenablement traité par la seule application du critère des objets principaux sont libres de ne pas inclure la règle au paragraphe 11 dans leurs conventions bilatérales. Ceux qui n'incluent pas le critère des objets principaux dans leurs conventions, mais préfèrent inclure des dispositions détaillées sur la limitation des avantages, liées à des règles anti-montage-relais, peuvent également envisager d'omettre le paragraphe 11. Les États doivent rester attentifs au fait que les paragraphes 1 à 7 de l'article 29 sont conçus pour couvrir certaines pratiques de chalandage fiscal présentant des caractéristiques précises et ne permettent donc pas de faire face à des situations spécifiques contre lesquelles le paragraphe 11 permet de se prémunir.

12. Seuil d'importance

223. Le paragraphe 12 prévoit un seuil d'importance en dessous duquel la RAI ne s'applique pas.

224. Le seuil prend en considération le montant total du revenu visé qui est :

a) payé par un ou plusieurs résidents de l'État contractant d'où provient le revenu et qui sont liées à la personne qui est un résident de l'autre Juridiction contractante et tire le revenu visé (le « bénéficiaire testé »), et qui est tiré par le bénéficiaire testé ou une ou plusieurs personnes liées au bénéficiaire testé qui sont aussi des résidents de l'autre État contractant ; et

b) le revenu visé qui est à la charge d'un ou de plusieurs établissements stables situés dans un État contractant dans lequel provient le revenu et par le biais desquels le bénéficiaire testé, ou des personnes qui sont liées au bénéficiaire testé, exercent des activités, et qui est tiré par le bénéficiaire testé ou un ou plusieurs résidents liés au bénéficiaire testé qui sont des résidents de l'autre État contractant.

225. Le lieu de résidence de l'entreprise qui détient l'établissement stable n'est pas pertinent à cette fin, y compris la question de savoir si cette personne réside dans un État tiers.

226. Le montant total d'un tel revenu visé généré au cours de l'année fiscale est pris en compte aux fins du paragraphe 12. La RAI ne s'appliquera à un élément de revenu visé que si le montant total du revenu visé identifié dépasse le seuil d'importance.

227. Lorsque la valeur totale des montants générés au cours de cette année fiscale ne dépasse pas le seuil d'importance, les paragraphes 1 et 2 ne s'appliquent pas et l'État de la source de l'élément de revenu visé ne pourra pas appliquer la RAI à cet élément de revenu visé. Lorsque la valeur totale dépasse le seuil, les paragraphes 1 et 2 s'appliquent et l'État de la source de l'élément de revenu visé pourra donc appliquer la RAI à un élément de revenu visé qui remplit la condition relative au taux d'imposition énoncée au paragraphe 1. Les éléments de revenu visé qui remplissent la condition relative au taux d'imposition énoncée au paragraphe 1 comprennent également les paiements pour lesquels la règle de présomption énoncée au paragraphe 11 remplace le taux d'imposition qui s'applique à un bénéficiaire lié assujetti à un taux d'imposition inférieur à 9 %.

228. Aux fins de déterminer si le seuil du paragraphe 12 est atteint, l'alinéa c) prévoit qu'il n'importe que le revenu visé soit assujetti, ou non, à un taux d'imposition inférieur au taux minimum dans l'autre État ; le seuil s'applique en référence au montant total de l'ensemble des paiements de revenu visé généré pendant l'année fiscale considérée.

229. L'alinéa d) prévoit que, aux fins de l'agrégation des paiements (et des montants supportés) pour l'application du seuil d'importance, les paiements entre des personnes qui seraient autrement liées ne sont pas inclus si la seule raison pour laquelle ces personnes sont liées est le contrôle exercé par une personne, une entité ou un dispositif décrit aux alinéas e) ou i) du paragraphe 8, ou de droits ou participations effectifs (ou, dans le cas d'une société, du total des droits de vote et de la valeur des actions de la société ou de droits ou participations effectifs dans les capitaux propres de la société) détenus directement ou

indirectement par une personne, une entité ou un dispositif. À cette fin, les références à l'alinéa i) sont modifiées pour se limiter aux entités ou dispositifs qui sont entièrement ou presque entièrement (directement ou indirectement), ou établis ou créés, par une ou plusieurs personnes, entités ou dispositifs décrits à l'alinéa e).

230. L'alinéa d) s'appliquerait, par exemple, dans des circonstances où un fonds souverain contrôle (selon la définition du paragraphe 10) deux sous-groupes. En l'absence de contrôle de chaque sous-groupe par ce fonds souverain, ces deux sous-groupes ne seraient pas liés. Un fonds souverain s'apparente à une société d'investissement ou de gestion d'actifs détenue entièrement par un gouvernement qui consolide les activités d'investissement du gouvernement, et ne ressemble pas à une société mère d'un conglomérat d'entreprises. Il en résulte que ces entreprises fonctionnellement indépendantes n'auraient pas accès aux informations nécessaires permettant de déterminer si le seuil d'importance est atteint. En vertu de l'alinéa d), les paiements entre entités de ces deux sous-groupes ne seront donc pas inclus dans le calcul du seuil d'importance.

231. Aux fins de l'application du seuil, toutes les catégories de revenu visé payé (ou supporté) par le ou les contribuables en faveur de personnes liées situées dans l'autre État contractant sont agrégées pour obtenir le montant total des paiements effectués pendant la période considérée. Lorsque le paragraphe 11 s'applique, le montant total des paiements de revenu visé effectués en faveur de personnes liées situées dans l'autre État contractant inclut les paiements effectués en faveur de personnes non liées, mais considérés, en vertu du paragraphe 11, comme ayant été effectués en faveur d'une personne liée située dans l'autre État contractant.

232. L'exemple suivant illustre comment appliquer le paragraphe 12. SCo1, un résident de l'État S, effectue des paiements de revenu visé d'un montant de 50 000 en faveur de RCo1 et d'un montant de 30 000 en faveur de RCo2. SCo2, également un résident de l'État S , effectue des paiements de revenu visé d'un montant de 130 000 en faveur de RCo3. TCo, un résident d'un État tiers, a un établissement stable dans l'État S qui supporte la charge des coûts constituant le revenu visé tiré par RCo1 d'un montant total de 45 000. RCo1, RCo2 et RCo3 sont toutes trois des résidents de l'État R. RCo3, le bénéficiaire testé, est liée à SCo1, SCo2, RCo1, RCo2 et TCo. Le taux nominal d'imposition applicable dans l'État R est supérieur au taux minimum convenu, mais RCo3 bénéficie d'un ajustement préférentiel ayant pour effet d'abaisser le taux en dessous du taux minimum convenu. La convention liant l'État S et l'État R inclut la RAI assortie d'un seuil d'importance conformément au paragraphe 12. Le seuil convenu est fixé à 250 000. Le montant total du revenu visé provenant de l'État S et tiré par des personnes liées à RCo3 est de 255 000, de sorte que le seuil est franchi et que la RAI s'applique. L'État S peut assujettir à l'impôt, au taux déterminé, les paiements d'un montant de 130 000 effectués par SCo2 en faveur de RCo3, car il s'agit des seuls montants qui relèvent du champ d'application des paragraphes 1 et 2. Si les seuls revenus visés provenant de l'État S au cours de cette année fiscale qui sont tirés par des personnes liées dans l'État R étaient ceux provenant de SCo2, le seuil d'importance n'aurait pas été franchi et la RAI ne se serait appliquée à aucun des éléments de revenu visé provenant de l'État S.

233. Pour les États contractants dont le produit intérieur brut est égal ou supérieur à 40 milliards EUR, le seuil des paiements de revenu visé au cours d'une année devrait être fixé à 1 million EUR. Pour les États contractants dont le Produit intérieur brut est inférieur à 40 milliards EUR, le seuil devrait être fixé à 250 000 EUR.

13. Application à un établissement stable dans l'État de la source

234. Le paragraphe 13 est calqué sur les dispositions du paragraphe 4 de l'article 10, du paragraphe 4 de l'article 11 et du paragraphe 3 de l'article 12 du Modèle de convention fiscale de l'OCDE. Il exempte l'État d'où provient le revenu visé des limitations prévues aux paragraphes 1 et 2 lorsque le revenu visé fait partie intégrante des bénéfices attribuables à un établissement stable que la personne qui tire ce

revenu possède dans cet État. Dans ces circonstances, l'État dans lequel l'établissement stable est situé est autorisé à imposer ces bénéfices conformément à l'article 7. La formulation de la règle applicable aux intérêts et redevances diffère de celle adoptée pour les autres éléments de revenu visé, car, si ces autres éléments peuvent être attribués à un établissement stable conformément au paragraphe 2 de l'article 7, ils peuvent ne pas être versés en lien avec un droit ou un bien effectivement rattaché à cet établissement stable.

235. Les primes d'assurance pourraient être citées comme exemple de la seconde catégorie de paiements. Elles peuvent être effectivement rattachées à un établissement stable qui est une installation fixe d'affaires pour l'assureur étranger. En outre, certaines conventions contiennent une disposition, fondée sur le paragraphe 6 de l'article 5 du Modèle de convention des Nations unies en vertu duquel une entreprise d'assurance (mais pas de réassurance) non résidente est considérée comme ayant un établissement stable dans un État si, par l'intermédiaire des activités exercées par une personne présente dans cet État, elle perçoit des primes sur le territoire de cet État ou assure contre des risques se situant dans cet État. Ce faisant, le paragraphe étend les droits d'imposition de l'État de la source aux cas où les activités de la personne ne sont pas exercées par l'intermédiaire d'une installation fixe d'affaires. Le paragraphe 5 de l'article 5 fonctionne de la même manière (et pas uniquement pour les primes d'assurance) et, que ce soit l'un ou l'autre des paragraphes qui s'applique, la RAI ne s'appliquera vraisemblablement pas à la totalité du revenu, voire éventuellement à aucune fraction du revenu.

236. Le fait est que le revenu perçu par cette personne, ou par son intermédiaire, ne pourra vraisemblablement pas être attribué en totalité à l'ES (et partant, devra être exclu du champ d'application des paragraphes 1 et 2 de la RAI en vertu du paragraphe 13 de la RAI). Le paragraphe 13 ne s'applique qu'aux revenus attribuables à l'établissement stable conformément à l'article 7.

14. Administration

237. Le paragraphe 14 prévoit que l'impôt applicable conformément aux dispositions du présent article dans un État contractant à l'égard d'un élément de revenu visé provenant de cet État et tiré par un résident de l'autre État contractant au cours d'une année fiscale est établi après la fin de cette année fiscale et n'est prélevé par le premier État qu'une fois qu'il a été ainsi établi. Il prévoit également que les autorités compétentes des États contractants peuvent régler d'un commun accord les modalités d'application des dispositions de la RAI.

238. Ce paragraphe garantit que la RAI est administrée selon un système de charge annualisée a posteriori. L'approche concernant le dépôt d'une déclaration fiscale contenant des informations pertinentes et l'approche concernant le recouvrement de l'impôt dû au titre de la RAI sont importantes puisque l'application de certains éléments essentiels de la RAI nécessite des informations qui ne sont généralement pas disponibles au moment où le paiement composé de revenus visés est effectué. Il s'agit notamment de savoir si le seuil de marge bénéficiaire prévu au paragraphe 9 est atteint, si les revenus visés peuvent bénéficier d'un ajustement préférentiel aux fins du critère de taux d'imposition, si la valeur des paiements de revenus visés dépasse, pour une année fiscale donnée, le seuil prévu au paragraphe 12 et si la RAI s'applique à un paiement composé de revenus visés lorsqu'on applique les dispositions alternatives relatives aux impôts appliqués sur une base différente ou au moment d'une distribution de bénéfices.

239. La charge d'impôt annualisée a posteriori vise à garantir que toutes les informations nécessaires pour déterminer si la RAI s'applique à un paiement sont connues avant qu'un impôt ne soit établi au titre de la RAI. Cette approche vise à prévenir la surimposition et à limiter les retards et les difficultés qui peuvent survenir lors du remboursement de l'impôt qui est perçu en trop en appliquant la RAI.

240. Comme le prévoit le paragraphe 14, l'impôt applicable en vertu de la RAI au titre d'une année fiscale ne peut être établi qu'après la fin de cette année fiscale et ne peut pas être prélevé par l'État contractant d'où un élément de revenu visé provient avant cette détermination. Par conséquent, le résident qui tire cet élément de revenu visé n'est assujetti à aucune imposition, y compris le recouvrement de l'impôt sur la base de la disposition relative à la RAI, avant la détermination. Cette disposition n'affecte toutefois pas l'application d'autres dispositions de la Convention qui peuvent s'appliquer à un élément de revenu visé tiré par un résident d'un État contractant pouvant prétendre à des avantages en vertu de la Convention. Ces autres dispositions comprennent les dispositions relatives aux bénéfices des entreprises, aux intérêts, aux redevances ou à d'autres revenus.

241. Comme l'explique le paragraphe 109 des Commentaires sur l'article 1 du Modèle de l'OCDE, en ce qui concerne les autres dispositions de la Convention, la Convention ne règle pas les questions de procédure et chaque État est libre d'utiliser la procédure prévue par son droit interne. Un État peut donc limiter automatiquement l'impôt qu'il prélève conformément aux dispositions concernées de la Convention ou appliquer l'impôt prévu par son droit interne et rembourser ensuite la partie de cet impôt qui excède le montant qu'il peut prélever en vertu des dispositions de la Convention. En règle générale, et comme le souligne le paragraphe susmentionné des Commentaires, afin d'assurer une mise en œuvre rapide des avantages accordés aux contribuables en vertu d'une convention, la première approche est la méthode hautement préférable et, lorsque la seconde approche est adoptée, il est extrêmement important que le remboursement soit effectué rapidement, en particulier si aucun intérêt n'est payé sur le montant du remboursement, car tout retard indu dans l'exécution de ce remboursement constitue un coût direct pour le contribuable.

242. En ce qui concerne l'impôt applicable en vertu de la RAI, un État qui limite automatiquement l'impôt qu'il prélève conformément à d'autres dispositions pertinentes de la Convention (telles que celles qui s'appliquent aux bénéfices des entreprises, aux intérêts, aux redevances et à d'autres revenus) appliquerait ces limitations au moment où un paiement de revenu visé est effectué. Cet État n'établirait et ne prélèverait alors un impôt applicable au titre d'un année fiscale en vertu de la RAI qu'après la fin de cette année fiscale. Un État qui, au lieu de cela, applique l'impôt en vertu des dispositions de son droit interne au moment où un paiement composé de revenus visés est effectué et rembourse par la suite la partie de cet impôt qui excède le montant qu'il peut prélever en vertu d'autres dispositions pertinentes de la Convention (telles que celles qui s'appliquent aux bénéfices des entreprises, aux intérêts, aux redevances et à d'autres revenus) procéderait, lorsque des avantages sont demandés conformément à la Convention préalablement à la détermination de l'impôt applicable en vertu de la RAI, à un remboursement sur la base de ces autres dispositions et ne tiendrait pas compte à ce moment-là de l'application de la RAI. Cet État n'établirait et ne prélèverait ainsi un impôt applicable au titre d'une année fiscale en vertu de la RAI que suivant la fin de cette année fiscale.

243. Selon les deux approches, la charge annualisée a posteriori garantit que l'impôt applicable en vertu de la RAI au titre d'une année fiscale n'est établi, et ne peut être prélevée, qu'après la fin de cette année fiscale.

244. La charge annualisée a posteriori fonctionne par voie d'autocotisation. Elle vise également à limiter les charges de conformité en garantissant qu'une autocotisation de l'impôt au titre de la RAI n'est pas exigée chaque fois qu'il y a un paiement transfrontalier en faveur d'une personne liée composé de revenus visés. Au lieu de cela, dans le cadre de l'approche de la charge annualisée a posteriori, un résident d'un État contractant ne sera tenu de déposer une déclaration fiscale dans l'autre État contractant que si, à la fin d'une année fiscale, il est redevable de l'impôt en vertu de la RAI.

245. Les autorités compétentes des États contractants pourraient souhaiter compléter l'approche de la charge annualisée a posteriori par un système de certification, en vertu duquel un non-résident pourrait, dans certaines circonstances, obtenir un certificat confirmant qu'il n'est pas assujetti à l'impôt en vertu de la RAI et qu'il n'est pas tenu de déposer une déclaration d'impôt. Un tel système de certification pourrait

garantir que l'État contractant dont un payeur lié est un résident puisse accéder aux informations pertinentes relatives à l'obligation potentielle d'un bénéficiaire non-résident en vertu de la RAI. Par exemple, les autorités compétentes des États contractants pourraient convenir qu'un résident d'un État contractant qui tire un revenu visé d'une personne liée qui est un résident de l'autre État contractant pourrait obtenir un certificat dans le premier État contractant pour confirmer qu'il est une personne exclue en vertu du paragraphe 8.

246. De même, les autorités compétentes des États contractants pourraient souhaiter convenir qu'une déclaration d'impôt au titre de la RAI est exigée dans les cas où le seuil d'importance prévu au paragraphe 12 a été atteint au titre d'une année fiscale (indépendamment du fait que l'impôt serait dû au titre de l'année fiscale en vertu de la RAI).

247. Les autorités compétentes des États contractants qui souhaitent compléter la charge annualisée a posteriori par un système de certification pourraient discuter d'un tel système dans le cadre de la conclusion d'un accord sur les modalités d'application de la RAI (sachant que dans certains États contractants, les autorités compétentes ne sont pas autorisées à conclure de tels accords).

248. Dans cet accord, les autorités compétentes des États contractants pourraient également faire référence à des dates limites pour le dépôt de la déclaration d'impôt au titre de la RAI ou pour le paiement de l'impôt exigible en vertu de la RAI. Dans certaines juridictions, ces délais doivent être prévus par le droit interne. Dans tous les cas, un contribuable ne devrait être tenu de déposer une déclaration d'impôt au titre de la RAI qu'après la fin de son année fiscale. En outre, il est également prévu que l'impôt appliqué en vertu de la RAI soit payé dans l'État contractant d'où proviennent les revenus visés après la fin de l'année fiscale sans retard injustifié.

15. Conséquences du présent article

249. La RAI a été élaborée par les membres du CI en tant que partie intégrante de la solution faisant consensus sur le Pilier Deux. Le Pilier Deux consiste en un ensemble de règles qui confèrent aux juridictions le droit d'« imposer en retour » lorsque d'autres juridictions n'ont pas exercé leurs droits primaires d'imposition ou que le paiement est assujetti à de faibles niveaux d'imposition. Le Pilier Deux comprend les règles relatives à l'érosion de la base d'imposition mondiale, qui visent à garantir que les grandes entreprises multinationales paient un niveau minimum d'imposition sur les revenus générés dans chaque juridiction où elles exercent leurs activités, et la RAI. La RAI s'applique aux paiements intragroupes qui sont assujettis à de faibles taux nominaux d'imposition dans l'État du bénéficiaire.

250. La RAI n'a pas pour but de réexaminer la répartition actuelle des droits d'imposition entre les États de la source et de la résidence. Elle procède plutôt de l'idée qu'un État de la source qui a cédé des droits d'imposition sur certains paiements sortants dans le cadre d'une convention fiscale devrait être en mesure de récupérer une partie de ces droits lorsque le revenu en question est imposé (si tant est qu'il le soit) dans l'État du bénéficiaire (l'État de la résidence) à un taux inférieur à 9 %.

251. Le paragraphe 15 énonce le contexte dans lequel la RAI a été élaborée et codifie l'idée qu'elle ne revoit pas la répartition actuelle des droits d'imposition entre les États contractants.

252. L'alinéa a) précise ce contexte en prévoyant que la RAI est incluse dans le cadre de la mise en œuvre de la Solution reposant sur deux piliers pour relever les défis fiscaux soulevés par la numérisation de l'économie du Cadre inclusif OCDE/G20 sur l'érosion de la base d'imposition et le transfert de bénéfices.

253. L'alinéa b) confirme que la RAI ne reflète pas par ailleurs les politiques en matière de conventions fiscales de l'un ou l'autre État contractant. Cela confirme que l'inclusion de la RAI dans une convention ne traduit pas une volonté des États contractants de modifier les principes reflétés dans cette convention, y compris en ce qui concerne la répartition des droits d'imposition. Cela signifie aussi, par exemple, qu'il ne

faut pas tirer d'inférence du seuil de marge bénéficiaire prévu au paragraphe 9. Un rendement fondé sur les coûts qui est inférieur à 8,5 % ne doit pas être assimilé à un point de référence à toute autre fin, y compris pour l'application de l'article 9.

254. L'alinéa c) prévoit que la RAI ne préjuge pas de modifications ultérieures apportées à la présente Convention (ou à toute autre Convention conclue par l'un ou l'autre des États contractants). Ceci confirme que l'inclusion de la RAI dans une convention fiscale ne préjuge pas de la position d'un État contractant dans la négociation de conventions fiscales futures, y compris la répartition des droits d'imposition dans ces conventions fiscales.

255. En conséquence, l'inclusion de la RAI dans une convention existante ne doit pas être interprétée comme une indication que l'État contractant concerné a adopté une nouvelle approche concernant la répartition des droits d'imposition dans ses conventions fiscales, ni qu'il a accepté que les principes énoncés dans la RAI s'appliquent au-delà des circonstances spécifiques dans lesquelles la RAI est censée s'appliquer.

256. En outre, cette disposition confirme que l'approche adoptée dans la RAI n'a aucune incidence sur la répartition des droits d'imposition ou sur les principes contenus dans le Modèle de Convention fiscale de l'OCDE concernant le revenu et la fortune. Par exemple, la RAI n'affecte pas l'imposition des services. Le Modèle de Convention fiscale de l'OCDE prévoit que les services sont imposés conformément à l'article 7 et l'approche relative à l'imposition des services est décrite aux paragraphes 132-169 des Commentaires sur l'article 5.

257. Le paragraphe 15 peut être omis lorsque les deux États contractants en conviennent.

II Élimination de la double imposition

Article 23 A

5. Les dispositions du paragraphe 1 ne s'appliquent pas aux revenus tirés par un résident d'un État contractant qui ne sont imposables dans l'autre État contractant qu'en application des dispositions de l'article [RAI].

6. Les dispositions du paragraphe 2 ne s'appliquent pas aux impôts acquittés par un résident d'un État contractant dans l'autre État contractant conformément aux dispositions de l'article [RAI].

Article 23 B

3. Les dispositions du paragraphe 1 ne s'appliquent pas aux impôts acquittés par un résident d'un État contractant dans l'autre État contractant conformément aux dispositions de l'article [RAI].

1. Introduction

1. La RAI restitue à l'État de la source un droit d'imposition limité, ou dans certains cas, vient compléter un droit d'imposition limité existant de l'État de la source, et fonctionne comme une dérogation aux autres dispositions de la Convention qui, normalement, restreindraient le droit d'imposition de l'État de la source. Il en résulte une interaction entre la RAI et les dispositions relatives à l'élimination de la double imposition prévues dans les conventions fiscales.

2. Par exemple, en vertu des dispositions du paragraphe 1 de l'article 23 A du Modèle de convention fiscale de l'OCDE, l'État de résidence est tenu d'exempter un élément de revenu lorsque l'État de la source est autorisé à imposer cet élément de revenu conformément à la convention. Lorsque les conditions seront réunies pour que la RAI s'applique, l'État de la source sera autorisé, conformément aux dispositions de la convention, à appliquer un impôt supplémentaire, et l'État de résidence sera alors tenu, en vertu des dispositions de l'article sur l'élimination de la double imposition, d'exonérer d'impôt ce revenu. Même lorsque cette obligation n'est pas prise en compte aux fins de la détermination du taux nominal ajusté, et partant, ne vient pas majorer l'impôt supplémentaire susceptible d'être appliqué dans l'État de la source, l'État de résidence sera néanmoins privé de son droit d'imposition. Le résultat sera que seul l'État de la source imposera le paiement concerné, et qu'elle l'imposera au taux déterminé uniquement.

3. Des considérations similaires entrent en ligne de compte lorsque l'État de résidence est tenu d'accorder une déduction d'impôt en vertu des dispositions du paragraphe 1 de l'article 23 B ou du paragraphe 2 de l'article 23 A du Modèle de convention fiscale de l'OCDE. Même si cette n'est pas prise en compte dans le calcul du taux nominal ajusté aux fins de la RAI (en vertu du sous-alinéa i) de l'alinéa b) du paragraphe 6), le droit d'imposition de l'État de résidence est minoré du montant de la déduction qu'elle est obligée d'octroyer au titre de l'impôt supplémentaire appliqué dans l'État de la source.

4. Ces considérations sont pertinentes lorsque l'application de la RAI aurait pour effet d'imposer une obligation nouvelle ou accrue à l'État de résidence en vertu de dispositions fondées sur l'article 23 A ou l'article 23 B.

5. En règle générale, l'approche adoptée dans ce rapport préserve la position en vigueur avant l'application de la RAI et apporte des ajustements au fonctionnement des dispositions d'élimination de la double imposition de la Convention concernant une obligation supplémentaire qui serait normalement imposée à l'État de résidence du fait que l'État de la source impose le revenu visé au taux déterminé. Elle permet donc d'éviter une réattribution fortuite des droits d'imposition de l'État de résidence.

6. Cette approche fixe des limites aux obligations imposées à l'État de résidence en vertu des dispositions relatives à l'élimination de la double imposition des conventions fiscales fondées sur la Convention, mais elle ne régit ni ne modifie les autres mécanismes qui peuvent s'appliquer en dehors de la convention fiscale destinés à atténuer ou à éliminer la double imposition. Ainsi, un État de résidence peut, en vertu de sa législation nationale, accorder un crédit unilatéral au titre de l'impôt supplémentaire dû en raison de l'imposition, par l'État de la source, du revenu visé au taux déterminé conformément à la RAI, ou accorder un allégement au titre de l'impôt payé à l'État de la source sous la forme d'une déduction.

7. L'approche adoptée dans le présent rapport ne régit ni ne modifie le traitement, aux fins de l'application de la RDIR et de la RPII, d'un impôt payé en application de la RAI. Ce dernier est, en tant qu'impôt qui se substitue à l'impôt sur le revenu généralement applicable, un impôt visé aux fins de la RDIR et de la RPII, et affecté et pris en compte dans le calcul du TEI en vertu des règles GloBE.

8. Par conséquent, les seules modifications apportées aux articles 23 A et 23 B sont l'ajout d'une phrase qui désactiverait l'application de la méthode de l'exemption dans les cas où elle ne se serait pas appliquée en l'absence de la RAI et d'une phrase qui interdirait l'octroi d'un crédit d'impôt étranger au titre de l'impôt acquitté en vertu de la RAI. Ces résultats permettent à l'État de la source d'appliquer un impôt au taux déterminé conformément à la RAI, sans entraîner une réattribution des droits d'imposition de l'État de résidence uniquement imputable au fonctionnement de la RAI. Étant donné que la RAI ne s'applique que lorsque le revenu visé est imposé à un taux inférieur à 9 % dans l'État de résidence, calculé sur la base du revenu net, et que la RAI a pour effet que l'État de la source est autorisé à imposer le montant brut du revenu visé à un taux plafonné par le taux déterminé, il est possible que, dans de nombreux cas, la capacité de l'État de résidence à accorder un allégement supplémentaire soit déjà limitée ou épuisée.

2. Méthode de l'exemption

9. La RAI ne s'applique que dans les cas où le taux d'imposition dans l'État de la résidence est inférieur au taux minimum convenu, égal à 9 %, et où en vertu des autres dispositions de la Convention, soit le revenu visé ne peut pas être imposé dans l'État de la source, soit le droit d'imposition de l'État est limité à un taux inférieur au taux déterminé (voir paragraphe 3 de la RAI). Les modifications apportées à l'article 23 A visent à préserver la situation qui prévalait avant l'application de la RAI dans ces deux scénarios.

2.1. Aucun droit d'imposition initial de la juridiction de la source en vertu de la convention

10. Dans le scénario où le revenu ne peut pas être imposé dans l'État de la source en l'absence de la RAI, rien n'oblige l'État de la résidence à accorder une exemption aux termes de l'article 23 A. Mais lorsque la RAI s'applique, l'État de la source serait autorisé à imposer le revenu visé conformément à la Convention, ce qui entraînerait, pour l'État de résidence, l'obligation d'exempter l'ensemble du revenu. Cette obligation tient uniquement à l'entrée en jeu de la RAI. Une nouvelle disposition doit donc être ajoutée pour désactiver l'application de la méthode de l'exemption dans ce scénario et ainsi préserver la situation qui prévalait avant l'application de la RAI. Obliger l'État de résidence à accorder une exemption dans ce scénario reviendrait à priver cet État de tout droit d'imposition qu'il aurait exercé avant l'application de la RAI. Ce résultat va plus loin que l'effet attendu de la RAI, qui n'est pas de réattribuer les droits

d'imposition de l'État de résidence, mais d'autoriser l'État de la source à appliquer un impôt, plafonné au taux déterminé, aux revenus assujettis à de faibles taux nominaux d'imposition dans l'État de résidence.

11. Par exemple, un résident d'un État contractant tire des revenus de la location de biens mobiliers utilisés dans l'autre État contractant, qui ne sont pas attribuables à un établissement stable dans cet autre État. Dans ce cas, en l'absence de la RAI, l'autre État contractant ne peut pas imposer ces revenus conformément à l'article 7. L'État de résidence (le premier État mentionné) n'accorderait donc pas d'exemption en vertu de l'article 23 A, car ces revenus ne sont pas imposables dans l'État de la source (l'autre État). Supposons que la convention comporte une RAI et que ce revenu soit un revenu visé ; si la RAI se déclenche, l'État de la source disposera d'un droit d'imposition conformément à la Convention et, par conséquent, l'État de résidence serait tenu d'accorder une exemption en vertu de l'article 23 A. Toutefois, étant donné que l'approche adoptée consiste à préserver le résultat initial, une disposition spéciale est nécessaire pour désactiver l'exemption conformément au paragraphe 1 de l'article 23 A.

12. C'est pourquoi le paragraphe 5 de l'article 23 A régit les interactions entre la RAI et la méthode de l'exemption. Le paragraphe 5 désactive l'application de la méthode de l'exemption prévue au paragraphe 1 lorsque l'État de la source dispose d'un droit d'imposition conformément à la Convention seulement parce que la RAI s'applique. De cette façon, dans le scénario décrit ci-dessus, le résultat initial (pas d'exemption dans l'État de résidence) est préservé que la RAI s'applique ou non.

2.2. Droit d'imposition initial de la juridiction de la source limité en vertu de la convention

13. Selon le Modèle de convention fiscale de l'OCDE, les seuls éléments de revenu sur lesquels l'État de la source dispose de droits d'imposition limités sont les dividendes et les intérêts en vertu des articles 10 et 11. L'élimination de la double imposition au titre de ces éléments de revenu n'est pas régie par le paragraphe 1 de l'article 23 A, car ce paragraphe est soumis aux dispositions du paragraphe 2. En vertu du paragraphe 2, la méthode de l'exemption est désactivée et remplacée par la méthode de l'imputation. L'exigence énoncée au paragraphe 2 de l'article 23 A pour appliquer la méthode de l'imputation (« ....qui sont imposables dans l'autre État contractant conformément aux dispositions des articles 10 et 11... ») est donc toujours respectée. Il s'ensuit qu'aucun ajustement n'est nécessaire pour tenir compte de cette interaction et que la méthode de l'imputation continue de s'appliquer à ces éléments de revenu. Le paragraphe 5 est sans effet sur ce traitement, mais le paragraphe 6 entre en jeu, dont l'effet est analysé lors de l'examen de la méthode de l'imputation plus loin.

14. Toutefois, les dispositions des conventions bilatérales peuvent autoriser une imposition limitée par la juridiction de la source d'autres catégories de revenu et ne pas inclure ces catégories dans les dispositions fondées sur le paragraphe 2 de l'article 23 A. Dans ce scénario, l'État de résidence aura l'obligation d'accorder une exemption en vertu du paragraphe 1 de l'article 23 A, que la RAI s'applique ou non. Afin de préserver ce traitement existant, il est important que le paragraphe 5 ne désactive pas l'application du paragraphe 1. Ceci est accompli par la restriction énoncée au paragraphe 5, qui limite son application aux cas où l'application de la RAI est la seule raison pour laquelle l'État de la source dispose d'un droit d'imposition. Lorsque l'État de la source détient un droit d'imposition initial en vertu d'une autre disposition de la Convention, cette condition n'est pas remplie et le paragraphe 5 est sans effet. Par conséquent, le situation qui prévalait avant l'entrée en vigueur de la RAI est préservée.

15. Les principes exposés dans les deux sous-titres ci-dessus sont illustrés par les exemples suivants.

2.2.1. Exemple 1 — absence de droit d'imposition initial de la juridiction de la source

16. SCo, une entreprise résidente de l'État S, effectue un paiement de revenu visé de 100 à RCo, une entreprise résidente de l'État R. Dans l'État R, ce revenu bénéficie d'un ajustement préférentiel qui ramène le taux d'imposition applicable au revenu dans l'État R à 4 %. Les États S et R ont conclu une convention

qui n'autorise pas l'État S à imposer le revenu visé de 100, mais qui prévoit une RAI au taux minimum convenu de 9 %. Le revenu visé, égal à 100, entre dans le champ d'application de la RAI et le taux déterminé calculé conformément au paragraphe 2 de la RAI est égal à 5 % (9 % - 4 %). Le montant total de l'impôt que l'État S peut lever conformément à la convention conclue entre l'État S et l'État R est donc égal à 5 (5 % de 100). L'application de la RAI est la seule raison pour laquelle l'État S dispose d'un droit d'imposition aux termes de la convention. Le paragraphe 5 de l'article 23 A désactive le paragraphe 1 et l'État R n'est pas obligé d'exempter le revenu.

2.2.2. Exemple 2 — droit d'imposition initial limité de la juridiction de la source

17. Les faits sont les mêmes que dans l'exemple 1, sauf qu'aux termes de la convention conclue entre l'État S et l'État R, l'article régissant cet élément de revenu visé autorise de façon générale l'État de la source à imposer l'élément à un taux de 2,5 %. L'État R a adopté la méthode de l'exemption dans la convention conclue entre l'État S et l'État R et cette catégorie de revenu visé n'est pas visée dans une disposition basée sur le paragraphe 2 de l'article 23 A. Le revenu visé, égal à 100, entre dans le champ d'application de la RAI et le taux déterminé calculé conformément au paragraphe 2 de la RAI est égal à 5 % (9 % - 4 %). Un autre article de la convention conclue entre l'État S et l'État R autorise l'imposition des 100 de revenus visés au taux de 2,5 % ; ce résultat est préservé par la deuxième phrase du paragraphe 3 de la RAI. L'État S dispose également d'un droit d'imposition au taux déterminé, que la deuxième phrase du paragraphe 3 de la RAI ramène à 2,5 % (5 % - 2,5 %). Le montant total de l'impôt que l'État S peut lever conformément à la convention conclue entre l'État S et l'État R est donc égal à 5 (2,5 % + 2,5 % de 100). Si la RAI ne s'était pas appliquée, l'État R aurait exempté la totalité de ce revenu (d'une valeur de 100) conformément au paragraphe 1 de l'article 23 A. Ainsi, même si la RAI s'applique, elle n'est pas la seule raison pour laquelle l'État S peut imposer le revenu visé aux termes de la convention. Le paragraphe 5 de l'article 23 A ne s'applique donc pas et l'État R continuera d'exempter le revenu comme le prévoit le paragraphe 1 de l'article 23 A.

3. Méthode de l'imputation

18. Le paragraphe 6 de l'article 23 A et le paragraphe 3 de l'article 23 B régissent les interactions entre la RAI et la méthode de l'imputation. Le principe énoncé dans ces paragraphes est qu'aucune déduction ne doit être accordée dans l'État de résidence au titre de l'impôt acquitté dans l'État de source conformément à la RAI. Comme pour la méthode de l'exemption, l'approche adoptée ici préserve la situation qui aurait prévalu avant l'entrée en jeu de la RAI. Par conséquent, l'État de résidence continuera à accorder une déduction comme si la RAI n'était pas appliquée.

19. La RAI vient compléter d'autres dispositions de la Convention qui autorisent une imposition limitée dans l'État de la source. Ainsi, ces autres dispositions continuent de s'appliquer tout comme les dispositions des articles 23 A et 23 B, qui obligent l'État de résidence à accorder une déduction au titre de l'impôt acquitté dans l'État de source. De cette façon, le résultat n'est pas modifié par l'ajout d'une RAI.

20. Le paragraphe 6 de l'article 23A et le paragraphe 3 de l'article 23 B excluent l'octroi d'une déduction pour tout impôt supplémentaire acquitté dans l'État de la source conformément à la RAI. Ces dispositions permettent de préserver la situation qui aurait prévalu en ce qui concerne la méthode de l'imputation en l'absence de RAI.

21. Par exemple, un résident de l'État S effectue un paiement de revenu visé de 100 à une société qui est un résident de l'État R. La convention conclue entre l'État S et l'État R comprend un article permettant généralement à l'État de la source d'imposer cette catégorie de revenu à un taux de 2,5 % et prévoit une RAI au taux minimum convenu de 9 %. L'État R applique un taux d'imposition de 4 % conformément aux paragraphes 5 et 6 de la RAI. En l'absence de RAI, l'impôt acquitté dans l'État S aurait

été égal à 2,5. L'État R aurait été tenu d'accorder une déduction d'un montant maximal de 2,5 sur son propre impôt sur le revenu visé.

22. Le taux déterminé conformément à la RAI est de 5 % (9 % - 4 %). Toutefois, le taux d'imposition en vertu de la RAI ne peut excéder 2,5 % (soit la différence entre le taux déterminé, égal à 5 %, et le taux existant, égal à 2,5 %) conformément à la deuxième phrase du paragraphe 3 de la RAI. Dans ce cas, l'État S imposerait le paiement au taux de 5 % (soit la somme du taux d'imposition initial de l'État de la source, égal à 2,5 % et du taux applicable au titre de la RAI, égal à 2,5 %). L'État R continuerait à accorder une déduction pour l'impôt acquitté dans l'État S au taux initial de 2,5 %, mais ne serait pas tenu, aux termes de la convention, d'octroyer une déduction pour l'impôt acquitté dans l'État S au taux supplémentaire de 2,5 %, ce qui correspond au résultat qui aurait été obtenu avant l'application de la RAI.

23. Les États qui accordent un allégement unilatéral au moyen d'une déduction conformément à leur droit fiscal national pourraient juger utile d'étudier la possibilité d'aligner les résultats de la législation nationale et de la convention lorsque la RAI s'applique.

Annexe A. Fonctionnement de la règle anti-abus ciblée

Exemple 1

1. Les États S et R ont conclu une convention qui contient la RAI comportant la règle énoncée au paragraphe 11. SCo (un résident de l'État S) et Plc (une banque, elle aussi un résident de l'État S) concluent un accord qui prévoit que SCo effectuera un paiement de 100 de revenu visé à Plc et que Plc aura l'obligation contractuelle de payer 99,5 à RCo (société liée à SCo au sens du paragraphe 11 et un résident de l'État R, qui impose le revenu visé à un taux nominal inférieur au taux minimum convenu) le premier jour du mois civil suivant le jour du paiement de 100 effectué par SCo. Plc n'est liée ni à SCo ni à RCo. Plc inclut le paiement de 100 dans son revenu et peut déduire 99,5 lors du calcul de son revenu imposable dans l'État S.

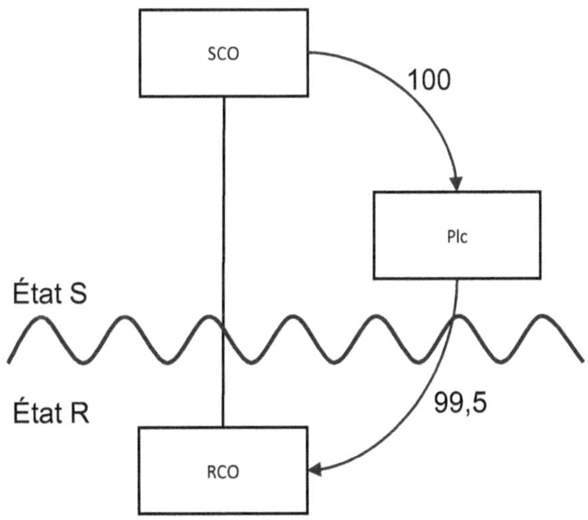

2. La condition énoncée à l'alinéa a) est remplie, car le paiement de revenu visé provenant de l'État S est effectué par une personne autre qu'une personne physique (SCo) en faveur d'un résident de l'un ou l'autre des États contractants (Plc, un résident de l'État S). Le paiement de 100 est le « paiement d'origine » et Plc est l'« intermédiaire ». La condition énoncée à l'alinéa b) est également remplie, car, au cours d'une période de 365 jours qui comprend le jour du paiement d'origine, Plc paie un montant (de 99,5, qui correspond aux « paiements liés ») égal à la totalité ou à la quasi-totalité du paiement d'origine directement à (i) RCo, personne qui n'est pas une personne exclue et qui est liée à SCo (RCo est le « bénéficiaire lié ») ; et (ii) dans l'État R, RCo est assujettie, au titre des paiements liés, à un taux d'imposition inférieur à 9 % ; et (iii) Plc constate 100 comme revenu, mais a le droit de déduire 99,5 lors du calcul de son revenu imposable dans l'État S, satisfaisant ainsi au critère de non-érosion de la base. La condition énoncée à l'alinéa c) est également remplie, car il est raisonnable de conclure qu'aux termes de l'accord conclu entre SCO et Plc, le lien de causalité requis existe entre le paiement d'origine et les paiements liés.

3. Le paragraphe 11 a pour effet que les paiements liés de 99,5 effectués par Plc à RCo, à laquelle Plc n'est pas liée, sont traités comme des paiements de revenu visé qui sont effectués en faveur d'une personne liée dans l'État R. Le taux d'imposition fixé aux fins de l'application de la RAI est considéré comme étant le taux - calculé conformément aux dispositions du paragraphe 5 - auquel RCo est assujettie dans l'État R au titre des paiements liés. La RAI s'applique parce que le montant de 99,5 est considéré comme correspondant au paiement d'un revenu visé provenant de l'État S et qu'il est tiré par un résident de l'État R assujetti à un taux d'imposition inférieur à 9 %. Il est satisfait aux dispositions du paragraphe 1. L'exclusion prévue à l'alinéa b) du paragraphe 8 ne s'applique pas, car RCo est considérée comme étant liée à Plc aux fins de l'application de la RAI.

Exemple 2

1. Les faits sont identiques à ceux décrits dans l'exemple 1, à ceci près que Plc est un résident de l'État R et que le bénéficiaire lié est TCo (société liée à SCo et un résident de l'État T, État tiers). Aux termes de l'accord, Plc effectuera un paiement de 99,5 (« paiements liés ») à TCo et SCo aura l'obligation contractuelle de payer à Plc 100 de revenu visé (« paiement d'origine ») le premier jour du troisième mois civil suivant la date de ce paiement. Dans l'État T, TCo est assujettie à un taux d'imposition - calculé conformément aux dispositions du paragraphe 5 - inférieur à 9 % au titre du revenu de 99,5 reçu de Plc. Dans l'État R, Plc bénéficie d'une exonération fiscale concernant le revenu de 100. Dans l'État R, TCo n'est pas imposé sur le montant de 99,5 payé par Plc.

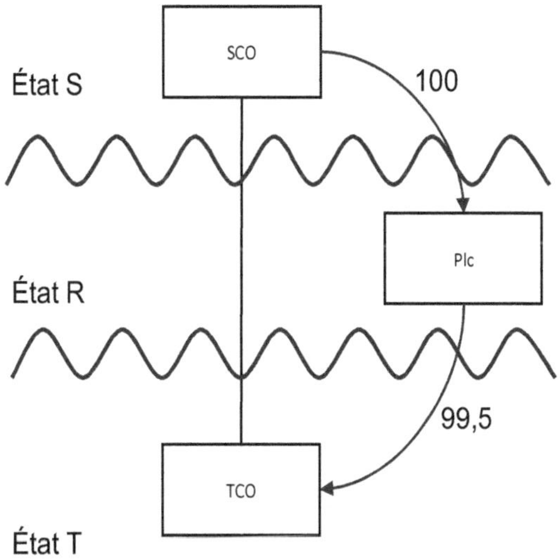

2. La condition énoncée à l'alinéa a) est remplie pour les mêmes raisons que dans l'exemple 1 (Plc étant un résident de l'État R, elle est donc bien un résident de l'un ou l'autre des États contractants en vertu de la convention conclue entre les États S et R). Pareillement, il est satisfait à la condition liminaire énoncée à l'alinéa b) pour les mêmes raisons que dans l'exemple 1 (peu importe que les paiements liés précèdent le paiement d'origine dès lors qu'ils sont effectués au cours d'une période de 365 jours qui comprend le jour du paiement d'origine). La condition énoncée au sous-alinéa (i) de l'alinéa b) est remplie pour les mêmes raisons que dans l'exemple 1 (cette condition ne précise pas de quel État le bénéficiaire lié, TCo, doit être résident et elle s'applique lorsque le bénéficiaire lié est un résident d'un État tiers). La condition énoncée au sous-alinéa (ii) de l'alinéa b) est remplie pour les mêmes raisons que dans l'exemple 1. Il n'est pas nécessaire que la condition énoncée au sous-alinéa (iii) de l'alinéa b) soit remplie, car elle ne s'applique que si le paiement d'origine est imposable dans l'État dont l'intermédiaire est un résident. Or, en l'espèce, le paiement reçu par Plc n'est pas imposable dans l'État R. La condition énoncée à l'alinéa c) est remplie pour les mêmes raisons que dans l'exemple 1.

3. Le paragraphe 11 a pour effet que le paiement d'origine de 100 effectué par SCo à Plc, avec laquelle SCo n'est pas liée, est traité comme un paiement de revenu visé effectué à une personne liée dans l'État R. Le taux d'imposition fixé aux fins de l'application de la RAI est le taux - calculé conformément aux dispositions du paragraphe 5 - auquel TCo est assujettie dans l'État T sur les paiements liés de 99,5. La RAI s'applique du fait que le montant de 100 est traité comme un paiement de revenu visé provenant de l'État S et qu'il a été perçu par un résident de l'État R assujetti à un taux d'imposition inférieur à 9 %. Il est satisfait aux dispositions du paragraphe 1. L'exclusion prévue à l'alinéa b) du paragraphe 8 ne s'applique pas, car TCo est traitée comme une personne liée à Plc aux fins de l'application de la RAI.

Exemple 3

1. Les faits sont identiques à ceux décrits dans l'exemple 2, à ceci près que Plc est un résident de l'État T et que le bénéficiaire lié est RCo (un résident de l'État R et une personne liée à SCo). Aux termes d'un accord semblable à celui de l'exemple 2, SCo effectue un paiement d'origine de 100 à Plc, qui effectue des paiements liés de 99,5 à RCo. Dans l'État R, RCo est assujettie à un taux d'imposition inférieur à 9 % sur les paiements liés. Le paragraphe 11 de la RAI prévue dans la convention conclue entre les États S et R ne s'applique pas, car la condition énoncée à l'alinéa a) n'est pas remplie. Plc n'est pas un résident de l'État S ou de l'État R. En revanche, le paragraphe 11 de la RAI prévue dans la convention conclue entre les États S et T s'appliquerait pour les mêmes raisons que dans l'exemple 2.

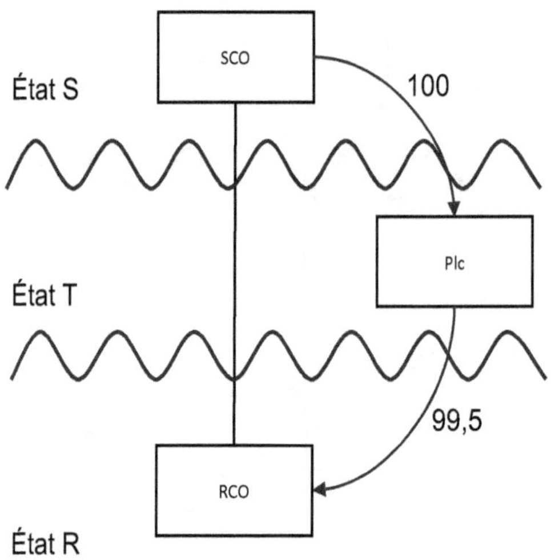

Exemple 4

1. Les faits sont identiques à ceux décrits dans l'exemple 2, à ceci près que Plc est remplacée par RCo (un résident de l'État R et liée à la fois à SCo et à TCo). Aux termes de l'accord, RCo effectuera un paiement de 99,5 (« paiements liés ») à TCo et SCo aura l'obligation contractuelle de payer à RCo 100 de revenu visé (le « paiement d'origine ») le premier jour du troisième mois civil suivant la date de ce paiement. Dans l'État T, TCo est assujettie à un taux d'imposition, calculé conformément au paragraphe 5, inférieur à 9 % sur le revenu de 99,5 qu'elle reçoit de RCo. Dans l'État R, le revenu net de 100 de RCo est assujetti à un taux d'imposition supérieur à 9 %. RCo intègre le paiement d'origine de 100 dans son revenu imposable et a droit à une déduction sur les paiements liés de 99,5.

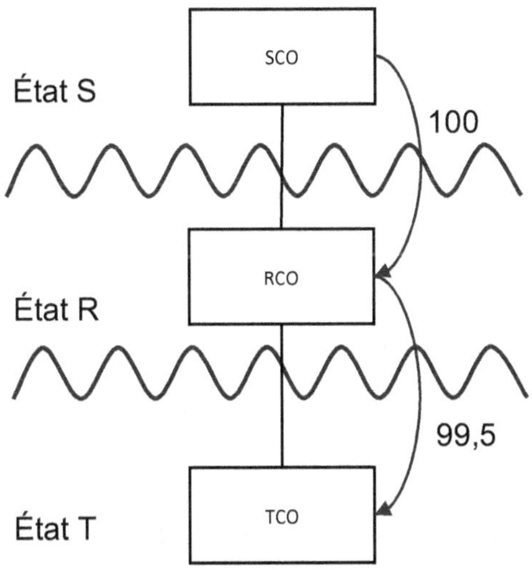

2. Bien que le paiement d'origine de 100 soit effectué par SCo à RCo, une personne liée qui est un résident de l'autre État contractant, la condition énoncée au paragraphe 1 n'est pas remplie, car RCo n'est pas assujettie à un taux d'imposition inférieur à 9 %. Le paragraphe 11, en revanche, vise les accords, tels que les montages impliquant des paiements consécutifs, conçus pour contourner l'obligation de satisfaire au critère du taux prévu au paragraphe 1, et pour tirer parti de l'exclusion applicable aux personnes non liées. Les conditions énoncées aux alinéas a) et b) s'appliquent de la même façon aux intermédiaires qui sont des personnes liées ou des personnes non liées et elles sont remplies pour les mêmes raisons que dans l'exemple 2. En particulier, RCo, bien qu'un résident d'un État à haut taux d'imposition, paie la quasi-totalité du paiement d'origine sous la forme de paiements déductibles qui répondent au critère de non-érosion de la base prévu au sous-alinéa (iii) de l'alinéa b). Les conditions énoncées aux sous-alinéas (i) et (ii) de l'alinéa b) sont remplies, car le bénéficiaire lié, TCo, est lié à SCo (qui effectue le paiement d'origine) et est assujetti, dans l'État T, à un taux d'imposition inférieur à 9 % sur les paiements liés. La condition énoncée à l'alinéa c) est remplie pour les mêmes raisons que dans l'exemple 2.

3. Le paragraphe 11 a pour effet que le paiement d'origine de 100 effectué par SCo à RCo est traité comme un paiement de revenu visé effectué à une personne liée dans l'État R et que le taux d'imposition auquel TCo est assujettie dans l'État T sur les paiements liés de 99,5 est remplacé aux fins de l'application de la RAI. La RAI s'applique du fait que le montant de 100 est traité comme un paiement de revenu visé provenant de l'État S et qu'il a été tiré par un résident de l'État R assujetti à un taux d'imposition inférieur à 9 %. Il est satisfait aux dispositions du paragraphe 1.

Exemple 5

1. Les faits sont identiques à ceux décrits dans l'exemple 2. Cependant, dans l'État R, TCo est assujettie à un taux nominal d'imposition de 10 % sur le paiement de 99,5. En outre, dans l'État T, TCo est assujettie à un taux d'imposition de 5 % - calculé conformément au paragraphe 5 - sur revenu de 99,5 qu'elle reçoit de Plc.

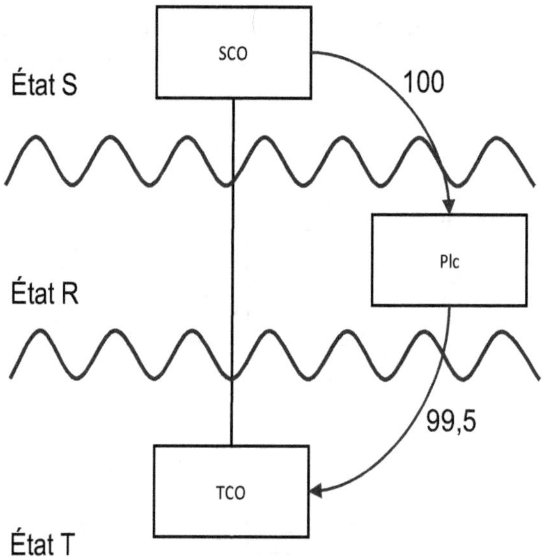

2. La condition énoncée à l'alinéa a) est remplie pour les mêmes raisons que dans l'exemple 1 (Plc étant un résident de l'État R, elle est donc bien un résident de l'un ou l'autre des États contractants en vertu de la convention conclue entre les États S et R). Pareillement, il est satisfait à la condition liminaire énoncée à l'alinéa b) pour les mêmes raisons que dans l'exemple 1 (peu importe que les paiements liés précèdent le paiement d'origine dès lors qu'ils sont effectués au cours d'une période de 365 jours qui comprend le jour du paiement d'origine). La condition énoncée au sous-alinéa (i) de l'alinéa b) est remplie pour les mêmes raisons que dans l'exemple 1 (cette condition ne précise pas de quel État le bénéficiaire lié, TCo, doit être résident et elle s'applique lorsque le bénéficiaire lié est un résident d'un État tiers). La condition énoncée au sous-alinéa (ii) de l'alinéa b) n'est pas remplie. La raison en est que, dans l'État R, le bénéficiaire lié est assujetti à un taux nominal d'imposition de 10 % (qui est supérieur au taux d'imposition appliqué dans l'État T et est donc celui utilisé pour les fins du sous-alinéa (ii)). En conséquence, TCo n'étant pas assujettie à un taux d'imposition inférieur à 9 %, le paragraphe 11 de la convention conclue entre les États S et R ne s'appliquerait pas.

Exemple 6

1. Les faits sont identiques à ceux décrits dans l'exemple 5. Cependant, dans l'État R, Tco est assujettie à un taux nominal d'imposition de 2 % sur le paiement de 99,5. En outre, dans l'État T, Tco est assujettie à un taux d'imposition de 5 % - calculé conformément au paragraphe 5 – sur le revenu de 99,5 qu'elle reçoit de Plc.

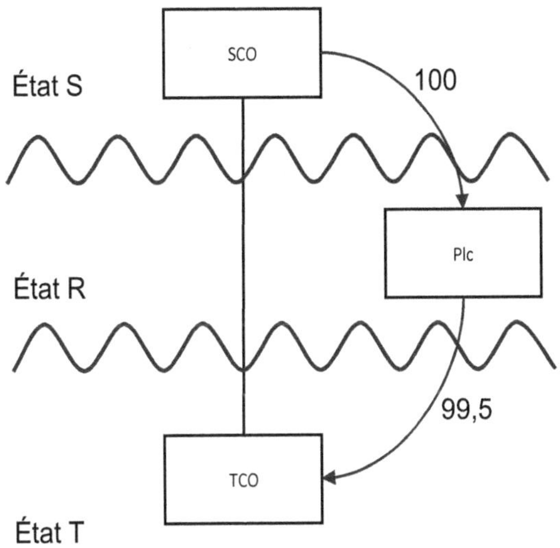

2. La condition énoncée à l'alinéa a) est remplie pour les mêmes raisons que dans l'exemple 1 (Plc étant un résident de l'État R, elle est donc bien un résident de l'un ou l'autre des États contractants en vertu de la convention conclue entre les États S et R). Pareillement, il est satisfait à la condition liminaire énoncée à l'alinéa b) pour les mêmes raisons que dans l'exemple 1 (peu importe que les paiements liés précèdent le paiement d'origine, dès lors qu'ils sont effectués au cours d'une période de 365 jours qui comprend le jour du paiement d'origine). La condition énoncée au sous-alinéa (i) de l'alinéa b) est remplie pour les mêmes raisons que dans l'exemple 1 (cette condition ne précise pas de quel État le bénéficiaire lié, Tco, doit être résident et elle s'applique lorsque le bénéficiaire lié est un résident d'un État tiers). La condition énoncée au sous-alinéa (ii) de l'alinéa b) est également remplie parce que le taux d'imposition appliqué dans l'État T s'élève à 2 % et que, dans l'État R, TCo est assujettie à un taux de 5 % sur le paiement lié : ces deux taux sont inférieurs à 9 %. En conséquence, le paragraphe 11 de la convention conclue entre les États S et R s'appliquerait et le taux d'imposition retenu aux fins des paragraphes 1, 2 et 5 serait de 5 %, ce qui est plus élevé que le taux nominal d'imposition auquel le bénéficiaire lié est assujetti dans l'État R, et plus élevé que le taux d'imposition appliqué dans l'État T.

www.ingramcontent.com/pod-product-compliance
Lightning Source LLC
LaVergne TN
LVHW082049051026
849532LV00011B/3538
* 9 7 8 9 2 6 4 7 2 1 8 4 5 *